Anneliese Fuchs - Die Tiefe des Brunnens

Anneliese Fuchs

Die Tiefe des Brunnens

Heilende Meditation

:STYRIA

Die Deutsche Bibliothek – CIP-Einheitsaufnahme

Fuchs, Anneliese
Die Tiefe des Brunnens : heilende Meditation / Anneliese Fuchs. –
Graz ; Wien ; Köln : Verl. Styria, 2001
ISBN 3-222-12886-3

www.verlagstyria.com

Layout und Umbruch: Helmut Lenhart, Graz
Umschlaggestaltung: Graphik-Design Mag. Kurt Rendl, Wien
Umschlagbild: Image Bank
Druck und Bindung: Ueberreuter, Korneuburg
ISBN 3-222-12886-3

Inhaltsangabe

Vorwort

Warum schreibe ich dieses Buch? Es ist mir ein Anliegen, auf Grund der eigenen Erfahrungen eine Art Ratgeber oder Wegweiser für Suchende zusammenzustellen. Ich habe schon in meiner frühen Jugend den Weg zur Meditation gesucht. Dabei war sicherlich die mir früh eingepflanzte Gottessehnsucht der eigentliche Auslöser für meine Suche nach geeigneten Meditationslehrern. Und ich fand sie nicht. In der katholischen Kirche konstatierte ich in den frühen sechziger Jahren leider eine krasse Unkenntnis meditativer Techniken. Man meinte, dass die „Betrachtung" biblischer Texte Meditation wäre, weil man von echten meditativen Techniken keine Ahnung hatte, und nannte diesen Umgang mit Worten christliche Meditation. Bei der in katholischen Kreisen so beliebten Betrachtung handelt es sich aber nicht um das Herstellen von Trancezuständen, wie wir es in der Meditation kennen, sondern hier werden ausschließlich die eigenen Gedanken zum Mittelpunkt der Aufmerksamkeit gemacht. Doch das ist weit entfernt von dem, was Meditation leisten kann und auch bei den christlichen Mystikern eine alte Tradition hat.

Durch „Zufall" fielen mir die Schriften der Teresa von Avila in die Hände, und hier fand ich, was ich so lange gesucht hatte. Eine Frau, die mit Hilfe jahrelanger Meditationspraxis zu solch geistigen Höhen aufgestiegen war, dass sie heute bei den Zen-Meistern als Zen-Meisterin anerkannt wird. Sie wurde mir in den langen Jahren der Suche und des Lernens zum Leitstern und im Zuge meiner schamanischen Erlebnisse sogar meine geistige Führerin. Mir war aber in dieser Zeit noch eine andere Person Wegweiser: Rudolf Steiner – österreichischer Philosoph – sowie einer seiner Schüler, Rittelmayer. Mir fielen die Rittelmayerschen detaillierten Meditationsanweisungen in die Hände, die ich sofort durchprobierte. Als ich dann Yoga entdeckte, merkte ich erst, dass Atem, Körperhaltung und „Innere Bilder" zu diesem Prozess gehören. Schließlich lernte ich bei den Schamanen mit inneren Bildern und Symbolen zu arbeiten und erlebte zuletzt im *Zen* wieder eine ganz andere Einstellung zu diesen Dingen. Mein Weg war also weit und nahm 40 Jahre in Anspruch. Das Faszinierende an der spirituellen Entwicklung ist aber, dass sie nie zu Ende ist, dass es immer noch eine Stufe, noch immer neue Dimensionen gibt.

Zeitweise habe aber sehr darunter gelitten, dass ich keinen Meister oder Ratgeber hatte, der mich auf Gefahren oder Möglichkeiten aufmerksam gemacht hätte. Ich musste in einem langen und beschwerlichen Weg alles selbst herausfinden, alle guten und schlechten Erfahrungen selbst machen. Ich tastete mich von Stufe zu Stufe, nicht wissend, ob dieser Weg der richtige ist. Als ich zu meditieren begann, das war Mitte der fünfziger Jahre – ich war damals 19 Jahre alt –, gab es ja noch fast keine Hilfen für einen Laien. Das ist nun über 40 Jahre her, und seitdem hat sich vieles geändert. Östliche Meditationstechniken sind nach Europa gekommen und bereichern unser geistiges Leben. Ich möchte dieses Buch als einen Hinweis und Ratgeber verstanden wissen für Menschen, die eine Sehnsucht nach dem ganz Anderen in sich fühlen, die „zu den Sternen" fliegen möchten, die bereit sind, sich auf den Weg in ihr Innerstes aufzumachen, egal, was ihnen dort begegnet.

Ich habe in meiner fachlichen psychologischen und vor allem psychotherapeutischen Ausbildung viel an Rüstzeug erworben, um auch mit den von mir erlernten spirituellen Techniken unterschiedlicher Schulen oft effizienter als meine Seminarleiter umzugehen. Vielen esoterischen „Meistern" fehlt eine fundierte psychologische Schulung, wie es wahrscheinlich die „Alten" noch hatten. Wenn wir uns z. B. die Wüstenväter (300–400 n. Chr.) ansehen, finden wir

bei ihnen eine erstaunliche Kenntnis der menschlichen Seele vor, was ich bei einem großen Prozentsatz von esoterischen Seminarleitern leider vermissen musste und was auch für die Trainingsteilnehmer sehr gefährlich werden kann.
Die Wüstenväter jedoch, Mönche aus den frühen Tagen der Christenheit, hatten eine sehr differenzierte Beobachtung vom Verhalten des Menschen. Ihr Streben war die Suche nach Gott, doch auf diesem Weg begegneten sie dem Bösen, vor allem auch in sich selbst, und sie setzten sich damit intensiv auseinander. In psychologischer Terminologie würden wir sagen, sie widmeten sich intensiv der „Schattenarbeit".
Die alten Methoden, die gelehrt werden, sind oftmals sehr effektiv; und mir ist manchmal vorgekommen, als ob bei esoterischen Seminarleitern ein Laie mit einem Skalpell an den Seelen der Seminarteilnehmer arbeitet. Es kam sogar einmal ein Seminarleiter eines sehr bekannten esoterischen Superstandardseminars zu mir, um mich zu fragen, was er denn unternehmen könne, damit die Selbstmorde in seinen Seminaren verhindert würden. Dieser Mann hatte keine fundierte psychologische Ausbildung und war nur ein „angelernter Trainer".
Ich selbst habe bei Professor Ringel eine Lehranalyse gemacht, die zweieinhalb Jahre dauerte, und bemerkte bei meinen Therapien, die ich selbst durchgeführt hatte, dass ich noch unsicher war, mir noch etwas fehlte. Ich entschloss mich, eine zweite psychotherapeutische Ausbildung zu durchlaufen: *imaginatives Katathymes Bilderleben,* die mir viel Sicherheit und viel Routine im Umgang mit Symbolen brachte. Diese Ausbildung hatte sowohl Eigenanalyseelemente in Einzelsitzungen als auch Gruppenausbildung beinhaltet. Diese Ausbildung dauerte acht Jahre. Ich wusste damals noch nicht, dass ich auf Grund dieses langen und mühsamen Weges ein solides Hintergrundwissen und Können für meine Meditationskurse erworben hatte.
Ich mache es mir in diesem Buch zur Aufgabe, nicht nur die Ziele, die Methoden, sondern auch die Gefahren von Meditation aufzuzeigen. Es soll Sie, liebe Leser, anregen, Methoden selbst durchzu-

probieren, welche Methode Ihnen Freude macht, eine Erweiterung der eigenen Möglichkeiten bringt und Sie vor allem mit den innersten Kräften Ihres Wesens in Verbindung bringt. Wenn Sie sich zu einer Methode hingezogen fühlen, sollten Sie einen Kursus besuchen und vor allem *täglich üben,* da sonst keine Wirkung feststellbar ist.

Disziplin ist auf diesem Weg unerlässlich, nicht übertrieben, doch stetig. Ich glaube, dass viele von uns spirituelle Gaben besitzen, derer sie sich gar nicht bewusst sind, weil die Förderung dieser Qualitäten noch nicht in unser Weltbild passt. Doch wir stehen wahrscheinlich knapp davor, zu erkennen, dass die geistigen Potentiale in unserem Inneren eine ebensolche überwältigende Kraft darstellen, wie wir es in der Physik mit der Atomkraft erfahren haben. Wir werden auch als Durchschnittsmenschen im nächsten Jahrtausend zu Dingen imstande sein, von denen wir heute nicht einmal noch träumen. Rudolf Steiner – einer unserer herausragendsten österreichischen Seher – und viele andere, die eine visionäre Schau hatten, meinten, dass wir in das Zeitalter des Geistes gehen und dass das der eigentliche Paradigmenwechsel unserer Zeit wäre.

1. Formen der Meditation

Die christliche Meditation

Wenn ich meinen eigenen Weg verfolge, so kam ich aus einer eher unchristlichen Familie. Meine Mutter ging weder in die Kirche, noch hatte sie irgendetwas übrig für spirituelle Entwicklung. Ich glaube, sie wusste gar nicht, dass es so etwas gibt. Mein Stiefvater lehnte alles ab, was mit Kirche zu tun hatte, und kommentierte meine regelmäßige Teilnahme an den Jungscharstunden unserer Pfarre mit Schimpf und Spott. Meine Großmutter hingegen, die noch im oberen Waldviertel lebte, hatte ein tiefes Gottvertrauen und eine echte Kirchenzugehörigkeit. Da ich meine Sommerferien immer bei ihr verbrachte, hatte sie sicher einen tiefen Eindruck auf mich gemacht. Vor allem standen wir uns innerlich sehr nahe, und ich wusste, dass ich von den zahlreichen Enkelkindern ihr Liebling war.

Ich wurde mit zwölf Jahren von meinen Mittelschulkolleginnen eingeladen, zur Jungschar der katholischen Kirche zu kommen. Ich hatte das Glück, dass unsere Jungscharstunden in dem Kloster der Armenseelenschwestern stattfanden und von einer hochintelligenten und sehr engagierten Klosterschwester gehalten wurden. Diese Schwester war meine erste geistige Lehrerin und begleitete mich von meinem zwölften bis zu meinem 19. Lebensjahr. Sie pflanzte mir eine tiefe Gottessehnsucht ein und mahnte mich dabei immer, im Alltagsleben das Rechte zu tun, im Kleinen treu zu sein, meine

Pflichten redlich zu erfüllen. Ein Leitspruch, der in unserem Gruppenraum hing und der mich noch lange begleitete, ist von Rabindranath Tagore:

Ich schlief und träumte,
das Leben wäre Freude.
Ich erwachte und siehe,
das Leben war Pflicht.
Ich tat sie und siehe,
die Pflicht war Freude.

Ich war eine sehr schlampige und übermütige Schülerin, tat nur, was unbedingt notwendig war. Ich kannte eigentlich keinen Ehrgeiz und lebte meine Hobbys intensiver aus als meine Hausaufgaben; dementsprechend war mein Zeugnis. Mutter Stefanie – so hieß diese Klosterschwester – gab mir die Liebe zur Disziplin und Askese mit auf meinen Weg. Und bei der Matura konnte man ihre Früchte bereits erkennen: Ich machte die Starmatura unserer Klasse. Ohne diese intensive persönliche Ausbildung wäre ich diesen Weg wahrscheinlich nicht so gegangen. Mutter Stefanie ermahnte uns immer wieder, dass geistiges Leben ohne tägliche halbstündige Betrachtung und Gebet nicht möglich wäre. So lernte ich früh, diese halbe Stunde in mein Leben einzubauen.

Knapp nach der Matura lernte ich meinen Mann kennen, heiratete und hatte eine ganz schwere Glaubenskrise, die eigentlich genau diesem Lebensalter von 23 Jahren entsprach, wo alles, was mir bisher wertvoll und wichtig war, von mir angezweifelt wurde, nicht mehr fassbar war. Wir haben in unserem Leben ja immer wieder Krisen, wo das Bisherige angezweifelt wird und dann dem Neuen Platz machen muss. Ein Priester, mit dem ich auch jetzt noch in Verbindung stehe, lud mich zu einem Glaubenskurs für echtes Christentum ein, den auch er besuchen wollte, genannt *Cursillo*.

In diesen drei Tagen erlebte ich das erste Mal in meinem Leben so etwas wie eine persönliche Gottesbegegnung. Jedenfalls verschwand meine Depression, die mit meinen Glaubenszweifeln zu tun hatte und mir damals das Leben sinnlos erscheinen ließ, ob-

wohl ich durch das Verliebtsein in meiner jungen Ehe eigentlich ganz anders hätte gestimmt sein sollen. Bei diesem dreitägigen Kurs lösten sich die negativen Gefühle vollständig auf, und ich wurde von einem enormen Glücksgefühl hochgehoben, das noch Jahre nachwirkte. So kam ich dann auch heim. Sowohl mein Mann als auch meine Mutter waren über meine Wandlung so erstaunt, dass sie diesen Kurs ebenfalls besuchten.
Wir wurden im Cursillo angeregt, täglich zu meditieren, zu beten etc. Ich las die Schriften der Teresa von Avila, und vor allem ihre „Innere Burg" faszinierte mich. Ich konnte nicht aufhören zu lesen und versuchte auch sofort, die vorgegebenen Anweisungen einzuhalten. Im Abschnitt „Die erste Wohnung" des ersten Kapitels dieses Buches erklärt Teresa so poetisch klar, worauf es bei diesem Weg ankommt:

> „Wie ich heute unseren Herrn anflehte, er möge durch mich reden – weil ich nichts zu sagen fand und nicht wusste, wie ich mit der Erfüllung dieser Aufgabe beginnen sollte –, da bot sich mir dar, was ich nunmehr sagen und als Fundament gebrauchen möchte: nämlich unsere Seele als eine Burg zu betrachten, die ganz aus einem Diamant oder einem sehr klaren Kristall besteht und in der es viele Gemächer gibt, gleichwie im Himmel viele Wohnungen sind. (...) Ich finde nichts, mit dem sich die große Schönheit einer Seele, ihre Weite und ihre hohe Befähigung vergleichen ließe."

Weiter im Text zeigt sie auf, welcher Weg gegangen werden muss. Es sind immerhin sieben Räume, die die Seeele durchwandern muss; und in jedem Raum ist es die Aufgabe der Einzelseele, etwas Bestimmtes zu lernen.
Die Schriften Rudolf Steiners, die mir eine Bekannte gab, waren eine ideale Ergänzung dazu. Ich begann, nicht mehr bloße Schriftlesung zu üben, sondern versuchte, von den Emotionen her ein Wort aus der Bibel in mich einsinken zu lassen; z. B. das Christuswort „Ich bin der Weg" oder „Ich bin die Tür". Dies lernte ich durch die genauen Anweisungen, die ich in einem entsprechenden

Meditationsanweisungsbuch von Rittelmayer vorfand. Außerdem besuchte ich damals täglich die Messe und widmete mich sehr intensiv der Weitergabe und dem Austausch meiner Erlebnisse in Gruppen. Ich führte damals drei Wochengruppen, und das alles neben einem 48-Stunden-Job und einem Studium des Englischen. Außerdem sah ich es als meine Pflicht an, den Haushalt möglichst perfekt zu führen. Auch Fasten war mir damals nicht fremd.

Nach ungefähr einem Jahr intensiven Lebens in dieser Weise und täglicher einstündiger Meditation kam es bei mir ganz unvermutet zu einem Erleuchtungserlebnis, das sich schon vorher im Traum angekündigt hatte. Es war das stärkste Erlebnis meines Lebens und kann nicht mit den Erlebnissen des Zen oder Yoga verglichen werden, weil es im Christlichen immer um persönliche Gottesbegegnung geht. Das Glücksgefühl hielt ein volles Jahr an; und ein Schimmer dieses erlebten Lichtes hat mich nie, auch nicht in den schwärzesten Stunden verlassen.

Kriterien

Was sind nun die Charakteristika der typisch christlichen Meditation? Die Meditation, wie ich sie in den sechziger Jahren kennenlernte, schloss Körper und Atem aus. Es ist eine Technik, die vor allem mit Gedanken und eventuell noch Gefühlen arbeitet; doch der Körper wird eigentlich sträflich vernachlässigt, eine eher „verkopfte" Form von Meditation, die man sicherlich mit Betrachtung bezeichnen könnte. Dies war aber im Christentum nicht immer so.

Es gab alte Traditionen, meditative Praktiken und Rituale, die sehr wohl Körper und Atem miteinschlossen, aber noch vor 20–30 Jahren weitgehend verlorengegangen waren. Vielfach belegt ist die Praxis bestimmter Gesänge (einstimmig und/oder mehrstimmig), von denen man weiß, dass sie die Sänger in eine körperlich-geistige Ekstase versetzt haben. Gepflegt wurden diese Gesänge etwa im südlichen Frankreich und in Spanien in den Klöstern, die (wie beispielsweise das Kloster Montserrat in Katalonien) Ziel großer Pilgerreisen waren, die während ihrer Nachtwachen in und vor der Kirche (es gab nicht genug Unterkünfte für die Pilger) stundenlang gesungen

und getanzt haben. Überliefert (in den Codices der Klosterbibliotheken z. B. in Montserrat) sind lange Gesänge mit lateinischem Text mit chorisch wiederholtem Refrain.
Ein Musikwissenschaftler (Michael Posch, Leiter der Abteilung für Alte Musik am Konservatorium der Stadt Wien, in einem Programmheft zu einem Konzert mit solcher Musik aus dem 13. und 14. Jahrhundert) merkt dazu an: *„Durch die daraus entstehende hypnotische Wirkung des Kanons gelangt man, ähnlich den Mantras, in eine Trance, die zur Erlangung höchster Spiritualität führen kann. Die zahllosen Wiederholungen entstammen weniger einem Formprinzip als dem Bestreben der Mönche, die Gemeinde zu lebhafter Teilnahme zu animieren.“* Posch weist auch darauf hin, dass im frühen Christentum der Tanz in der Kirche eine bedeutende Rolle gespielt hat.
Heute erinnern noch das nicht mehr häufig geübte Rosenkranzgebet und die Endloslitaneien an diese Praktiken. Die ständige Wiederholung hat einen hypnotischen Effekt. An diesen „unmodernen" Übungen nehmen vorwiegend Frauen teil. Diese Gebete mit chorischem Charakter dauern mindestens eine halbe Stunde und haben auf manche Mitbetende tiefgehende Wirkungen. Sie befinden sich irgendwie in einem „anderen Zustand". Das sagen sie auch am Ende einer solchen Gebetsstunde: „Jetzt ist mir ganz anders."
Ein ganz wichtiges Unterscheidungskriterium der christlichen Meditation zu anderen Meditationspraktiken ist vor allem auch dadurch gegeben, dass nicht der Mensch mit seinen Anliegen, Strebungen, Wünschen im Mittelpunkt des Geschehens steht, sondern entweder die Heilige Schrift, also Inhalte, die überindividuell sind und eine Art Gradmesser und Zielvorstellung für den Menschen darstellen. Das Ziel aber ist es, den Erlöser, der für uns sogar das Leben hingegeben hat, zu lieben. Es stehten also nicht das Ich und nicht die eigene Entwicklung, auch nicht die eigene Erlösung im Mittelpunkt.
Es fällt auf, dass es im christlichen Abendland keine Meditationsschulen gibt, obwohl wir mystische Heilige wie in jeder anderen Religion haben, die uns hinsichtlich ihrer Meditationstechnik Vor-

bild sein könnten. Die einzige Schule geistlicher Übungen sind die Exerzitien des Ignatius von Loyola, die aber durchwegs auf Betrachtung aufbauen und keine Meditationspraxis kennen. Ich selbst habe immer wieder Einzelexerzitien bis zu einer Woche gemacht, die alle nach den bisher angeführten Kriterien gestaltet wurden. Man bekam einen Text und musste seine eigenen Schwächen und Fehler an diesen objektiven Kriterien messen. Ein Prozess, der sehr viel mit Denken, Einsicht, Erkenntnis zu tun hat. Wichtig dabei sind Stille, Abgeschiedenheit, ein Mit-sich-allein-Sein. Der Körperbezug spielt dabei keine Rolle.

Wirkung

Die Wirkung ist eine Art Reinigung der Einstellungen. Zuerst macht man eine Art persönlicher Bilanz, wobei die Messkriterien in den heiligen Schriften aufzufinden sind. Man wird sich seiner schuldhaften Handlungen bewusst, kann bereuen und so seine Einstellung und auch seine Verkrampfungen und Gierhaltungen ändern. Es ist bei diesem Prozess auch möglich, alte innere Schulden zu begleichen und einem anderen, der einem Leid zugefügt hat, der einen tief verwundet hat, zu verzeihen. Andererseits merkt man oft erst in dieser Abgeschiedenheit und Konzentration, wo man andere verletzt und verwundet hat.
Günstig sind solche geistlichen Übungen, wenn man vor schweren, lebensentscheidenden Entschlüssen steht, weil man sich der eigenen eigentlichen Lebensziele klarer wird und die notwendige Entscheidung aus einer geistlichen Distanz heraus fällen kann.
Man fasst nach solchen Exerzitien auch gute Vorsätze, die dann oft schon nach einiger Zeit wieder in Vergessenheit geraten. Doch alles läuft vorwiegend über den Kopf. Daher ist die Wirkung eher kurzfristig, außer man ist gerade bei einem wichtigen persönlichen Kreuzungsweg, was die eigene Entwicklung betrifft, angelangt und erhält dadurch viel mehr Klarheit als bisher. Die eigentliche Arbeit passiert vor allem auf der bewussten Ebene; und wir wissen in der Psychologie, wie wenig dies unsere eigentlichen Motive berührt. Doch es gibt auch einzelne Sätze, die ganz tiefe

Schichten unseres Wesens anrühren und oftmals auch eine innere Veränderung bewirken. Diese Übungen sind Hilfe bei bestimmten Aufgaben, können jedoch – nach meinem Verständnis – nicht als Meditation bezeichnet werden, weil wichtige Elemente der Meditation fehlen.

Yoga als Körperübung und Meditation

Als unsere drei Kinder geboren wurden, war mir klar, dass der bisherige geistige Weg, den ich eingeschlagen hatte und als einen Aufenthalt im Paradies erlebte, jetzt nicht mehr möglich war. Da ich in vier Jahren drei Kinder bekam, konzentrierte sich meine gesamte Kraft auf sie. Ich wusste, jetzt musst du einen anderen Weg gehen, vielleicht nicht so beglückend angenehm, aber für dich und deine Kinder wichtig. Ich widmete mich der Entfaltung der Kinder mit viel Einsatz und Freude und reduzierte meine berufliche Tätigkeit auf ein Minimum. Nach einiger Zeit erfuhr ich von den Yogakursen der Frau Kayserling und trommelte einige meiner Bekannten zusammen, um mit mir einen Kursus zu besuchen. Ich organisierte für uns einen eigenen *Hatha-Yogakurs*, den wir dann einige Jahre lang besuchten. Ich fand großen Gefallen an den Asanas, den Körperhaltungen und dem Atmen.
Ich hatte als Kind und Jugendliche immer davon geträumt, Tänzerin zu werden. Diese Übungen, die die Flexibilität des Körpers enorm erhöhten, entsprachen genau meinen Bedürfnissen. Ich war auch erstaunt über die Wirkung dieser so einfach erscheinenden Übungen. Ich und meine Bekannten kamen um 19.30 Uhr müde, abgehetzt und vom langen Arbeitstag ausgepumpt zum Yogakurs und waren um 21 Unr frisch und energetisiert. Ich erlebte zum ersten Mal, wie gute Energiearbeit auf den Körper wirkt. Als dann der Kurs längst aufgehört hatte, übte ich täglich weiter, und ich erinnere mich noch, wie wir auf dem Land ein altes Bauernhaus gemietet hatten und ich – bevor die Kinder aufwachten – im Garten meine Yogaübungen machte. Diese gaben mir Ruhe, Kraft und eine gewisse Ausgeglichenheit und Zufriedenheit.

Ich las aber auch Bücher von und über Yogis und war erstaunt über die tiefe Spiritualität, die dort beschrieben wurde. Besonders die Bücher über *Raja-Yoga* zogen mich magisch an, und ich entdeckte dabei eine Christozentrik, wie ich sie bei den üblichen theologischen Büchern nie gefunden hatte. Nur die christlichen Mystiker hatten eine solche Tiefe. Es fiel mir das Buch eines katholischen Mönches, der in Asien lebte und dort Yoga praktizierte, in die Hände. Leider habe ich es verborgt und nie mehr zurückerhalten. Außerdem noch andere Publikationen des Inders Selvarajan Yesudian und der Schweizerin Elisabeth Haich, die beide als Yogalehrer in Europa, auch in Wien arbeiteten und sich einen guten Ruf erworben haben.
Außer der Körperarbeit und der Achtsamkeit auf den Atem lernte ich vom Yoga das richtige Sitzen. Den nächsten Anstoß bekam ich durch ein Buch von Hofmann, das eine Bekannte mir gab: „Zu den Tiefen der Seele", eine Yogaschule von Hofmann. Das Buch schlug mich sofort in seinen Bann, und ich begann auch gleich, nach den Anweisungen zu üben. Erst später erfuhr ich, dass Herr Hofmann aus Deutschland kam und in seinem ganzen Wesen viel Güte und Wärme ausstrahle. Er soll auch der *Levitation* (so wie Teresa von Avila) fähig gewesen sein: Da erhebt sich der Körper entgegen der Schwerkraft, ohne dass die Person das möchte oder anstrebt. Im Gegenteil, in der Selbstbiografie der Teresa von Avila bekennt sie, dass sie sich immer gefürchtet habe, wenn ihr Körper vor den Augen anderer erhoben wurde; z. B. in der Kirche wäre ihr das sehr unangenehm gewesen.
Jedenfalls übte ich erstmals nach den Anweisungen von Herrn Hofmann das Bild der Ruhe, wieder eine andere Art der Meditation. Hofmann bemerkt dazu:

> „Das Ziel des Yoga ist eine Wandlung, und zwar nicht eine vorausbestimmte, sondern eine, die den eigenen, den natürlichen Kräften gehorcht. (....) Damit dies möglich wird, trennt sich der Mensch eine bestimmte Zeit von den scheinbaren Einflüssen der Außenwelt. Er zieht sich in eine wohltuende Einsamkeit zurück."

Sodann gibt Hofmann genaue Anweisungen, wie der Raum beschaffen sein soll, wo man sich entspannt, wie die Sitzhaltung sein soll, wie man mit aufsteigenden Gedanken und Gefühlen umgeht. Er gibt detaillierte Anweisungen, mit welcher Einstellung man an diese Übung herangeht:

> *Bilder der Ruhe*
> „Der glatte Spiegel eines Bergsees in stiller Mondnacht. Bäume umstehen ihn und werfen ihren Schatten darauf. Ein Fisch schnellt hoch. Man sieht den blitzenden Leib. Die Wasserkreise verebben. Es herrscht tiefe Ruhe."
> „Eine Bergkette steht in ruhiger Majestät."
> „Dunkle Nacht. Am Firmament strahlen ungezählte Sterne."
> „Eine Waldwiese."
> „Abend – die Sonne lässt ihre letzten Strahlen über das still atmende Meer dahingleiten. Schiffe ziehen langsam zu ihrem Hafen."

Hofmann gibt noch eine ganze Reihe von solchen Anregungen. Doch wenn man sich wirklich in sein eigenes Innere fallen lässt, braucht man diese Anregungen nicht mehr, weil von selbst Bilder aufsteigen, die den eigenen Bedürfnissen entsprechen.

Die Ruhemeditation
Ich übte nach den Anweisungen des Herrn Hofmann das Bild der Ruhe und machte ganz andere Meditationserfahrungen als bisher. Hofmann weist darauf hin:

> „Sitze still und lasse die Ruhe dich überströmen. Denke daran, dass der Kraftstrom, der aus dem Weltall fließt, durch dich hindurchströmt und dass du durch dieses Wissen stärker wirst."

Mit dieser Einstellung soll man zur Meditation schreiten, und wenn störende Gedanken kommen, empfiehlt Hofmann:

> „Je weniger du dich gegen die frei aufsteigenden Gedanken gewehrt hast, umso rascher wird dieses Emporquellen versiegen. Es sinkt in sich zusammen. Nun ist der richtige Augenblick gekommen, das Bild der Ruhe in dir wachzurufen."

Wenn man noch nicht gewohnt ist, mit inneren Bildern aus der Tiefe der Seele zu arbeiten, sollte man sich ein Erinnerungsbild vorstellen, z. B. einen Ort, an dem man das letzte Mal in der Natur allein war und das Gefühl von Ruhe gehabt hat. Dieses Bild lässt man dann vor seinem inneren Auge so lebendig wie möglich werden und sieht sich jedes Detail genau an. Ist man aber schon „meditationsgewohnt", kann man Bilder in sich aufsteigen lassen, die nicht mehr dem Willen und der eigenen Vorstellung unterworfen sind. Hofmann meint dazu:

> „Worin dieses Bild nun tatsächlich besteht, ist indiviuell verschieden. Darum dienen die folgenden Zeilen nur als Anregung. Wähle selbst ein Bild davon aus oder lasse es in deinem Inneren entstehen. Wenn du dir die nun kommenden Bilder mit Aufmerksamkeit vorstellst, dann senken sie sich in dein Unterbewusstsein und beginnen dort zu wirken. Mit einem Male wird es dir dann klar, welche Bilder der Ruhe für dich das Richtige sind, welches also mit deinem Inneren im Einklang steht."

Wichtig bei dieser Übung ist es, zuzulassen, was kommt, nicht zu urteilen oder zu werten, sondern die Ruhe, die sich einstellt, zu genießen, in die Seele absichtslos einziehen zu lassen. Man soll anfangs nur einige Minuten üben, eventuell eine beruhigende Meditationsmusik auswählen. Am Ende der Übung öffnet man die Augen, atmet dreimal tief durch, schüttelt die Arme, erhebt sich, schüttelt die Beine und springt herum wie ein Hampelmann, damit der Körper vom parasympathischen wieder auf das sympathische Nervensystem umschaltet.

Da ich zu dieser Zeit meine zweite psychotherapeutische Ausbildung machte (Katathymes Bilderleben), also eine Technik, die mit inneren Bildern arbeitet, merkte ich, dass die Bilder, die während der Ruhemeditation in mir aufstiegen, etwas mit meinen unbewussten und nicht gestillten Bedürfnissen zu tun hatten.
Da ich streng nach den Anweisungen von Hofmann vorging, waren meine ersten Ruhemeditationsbilder Erinnerungsbilder. Doch bald konnte ich auch reine Vorstellungsbilder in mir aufsteigen lassen. Ich erlebte mich wochenlang in einem warmen Bergsee mit geschlossenen Augen unter der Oberfläche liegen. Der Vollmond erhellte durch das Wasser und meine geschlossenen Augenlider hindurch meinen ganzen Körper. Es wurde mir bewusst, dass es sich bei diesen höchst angenehmen Erlebnissen um pränatale Bilder handelte. Ich fühlte mich im warmen Wasser ruhig, geborgen wie in einem Uterus. Und das Licht schien ganz sanft durch meine geschlossenen Augenlider, ein wunderbares Erlebnis. Die Bilder der Ruhe waren tief befriedigend. Es war ein langer Weg, der mir viel Sicherheit, Ruhe und innere Kraft gab. Heute würde ich deuten, dass dies „Auffüllbilder" waren, die meine „neurotischen Löcher" füllten.

Kriterien der Hatha-Yoga-Übungen

Atmen

Bei den Hatha-Yoga-Übungen ist vor allem der Atem wichtig, der nicht so wie beim westlichen Menschen im Zweiertakt, sondern im Dreiertakt fließt. Doch Atem ist für den Yogi viel mehr als nur Aufnahme von Sauerstoff. Dazu Hofmann:

> „Der Wert der Atemübungen ist von allen Schulen des Westens immer anerkannt worden. Doch hat der Westen nie daran gedacht, dass durch das Atmen mehr gewonnen werden kann als nur die Aufnahme von Sauerstoff. Man meinte, durch geschultes Atmen wird eine günstige Verbrennung der Nährstoffe erzielt und nicht mehr."

Yoga aber sagt:

> „Durch die Beherrschung des Atems wird die Hülle vor der inneren Klarheit weggezogen. Auch entwickelt sich daraus eine Stärkung des Denkorgans. Die Konzentration gelingt leichter.“

Und weiter unten:

> „Nach den Vorschriften des Yoga besteht also der natürliche Atem aus drei Teilen und nicht wie der Unwissende meint aus zwei: Ausatmen – Einatmen – Anhalten.
> Es ist kennzeichnend, dass der Rhythmus mit dem Aus beginnt. So stößt der Yogi bewusst alles Üble von sich; nicht nur die verbrauchte Luft, sondern auch Hass, Neid, Müdigkeit aller Formen und alle falschen Begierden, ja sogar das Unglück.“

Es geht also nicht nur darum, schlechte Luft aus den Lungen abzugeben, sondern sich auch negativer Einstellungen, Gedanken und Gefühle auf diese Weise zu entledigen. Anfangs ein ungewohnter Vorgang. Doch gewöhnt durch tägliches Üben merkt man, wie entspannend und reinigend diese Übung ist. Bereits nach fünf derartigen Atemzügen kann eine tiefe innere Ruhe einkehren. Wenn man nun täglich übt, merkt man auch, wie sich die Lungen weiten und man wesentlich mehr Sauerstoff aufnehmen kann, was auch beim Singen und vor allem auch Sportschwimmen ein angenehmer Nebeneffekt ist.
Atem und Körperflexibilität sind das Geheimnis dieser Technik. Dadurch bleibt aber auch die Seele flexibel. Es ist erstaunlich, welche positiv energetisierende Wirkung die Asanas, die Körperübungen, haben. Durch diese positiven Erlebnisse ändert sich mit der Zeit auch die Einstellung zum eigenen Körper, aber auch zur eigenen Seele und zum eigenen Ich. Wichtig sind auch die Übungen der allumfassenden Liebe, die Hofmann ganz genau beschreibt und die in allen Yoga-Anweisungen immer wieder ihren Niederschlag finden. Es geht eigentlich um die Gesundung an Leib und Seele.

Dabei ist die Einstellung der Liebe zu allen Geschöpfen die notwendige Basis, auf der sich all das Körpergeschehen abspielt.

Wirkung von Yoga-Meditation

Atmen, die Asanas, die Ruhemeditation führen den Übenden zu einer tiefen Entspannung; das wesentlichste Merkmal, das diese Technik mit sich bringt. Durch die völlige Ruhe sind Körper und Seele in einem Zustand des Parasympathikus, jenem Zustand, wo man Energie aufnehmen kann. In der westlichen Welt leben wir ja vorwiegend aus dem sympathischen Nervensystem heraus. Wir sind ständig aktiv, bis zur Hektik. Daher ist die Yoga-Technik ein so guter Ausgleich für den westlichen Menschen und wird auch in amerikanischen Stresskliniken zur Gesundung der Patienten eingesetzt. Die Gesundung wird vor allem durch die Fähigkeit zur Entspannung und das positive Denken hervorgerufen.

Der Schamanismus

Im Zuge meiner achtjährigen zweiten psychotherapeutischen Ausbildung kam ich erstmals mit dem Schamanismus in Berührung. Unser Ausbildner schlug uns vor, einige schamanische Techniken auszuprobieren. Ich war zuerst sehr skeptisch und wollte nicht mitmachen, da sich das mit meinem katholischen Gewissen nicht vereinbaren ließ. Doch die Gruppe überredete mich, und wir probierten die „Bärenhaltung" nach der bekannten amerikanischen Forscherin *Felicitas Goodman* aus. Die Forscherin untersuchte, inwieweit bestimmte Körperhaltungen bestimmte Trancezustände hervorrufen. Die Bärenhaltung wurde von den Schamanen eingenommen, wenn sie heilen wollten. (Goodman: „Wo die Geister auf den Winden reiten. Trancereisen und ekstatische Erlebnisse", 1995.) Bei dieser Haltung kann es auch zu Zerstückelungserlebnissen kommen, für die Schamanen eine Art Initiation.
Ich war jedenfalls völlig unwissend, hatte noch nie mit Schamanismus etwas zu tun gehabt und daher auch keinerlei Erwartungen. Wir stellten uns also in der Bärenhaltung im Kreis auf (wir waren

acht.) Sofort, als unser Ausbildner zu rasseln anfing, hatte ich das intensive Erlebnis, ein Affe zu sein. Meine Arme wurden lang, ich spürte mein Fell und fühlte mich von Einheimischen verfolgt. Das war keine Vorstellung, wie ich es später bei schamanischen Reisen oft erfahren habe, sondern ein intensives Erleben. Bevor mich meine Verfolger einholten, wurde ich zur Gazelle. Wieder war das Erlebnis, dieses Tier zu sein, sehr stark. Ich spürte, wie schwer das Geweih auf meinem Kopf war, ich spürte die Höhe meiner Beine, mein Fell. Ich war die Letzte einer Herde und lief mit den anderen durch eine Steppe. Der Abstand zur Herde wurde immer größer. Da wendete ich den Kopf und sah ein Löwenweibchen sich nähern. Der Abstand zwischen ihr und mir verringerte sich immer mehr, und schon spürte ich ihre Pranken und ihren Biss in meiner Flanke. Sie riss mich nieder und fing an, mich bei lebendigem Leib aufzufressen. Ich erinnere mich an die Todesangst, die ich hatte; ich wollte schreien, gleichzeitig dachte ich, dass ich meine Kollegen mit einem Schrei stören würde; und so unterließ ich es.
Ich spürte mein Blut fließen und es war nur mehr mein Kopf übrig. Plötzlich verschwand die Angst, und mir wurde klar, dass ich ja in der Löwin weiterleben würde – und da war ich auch schon die Löwin. Ich erlebte ganz intensiv, dass wir immer wieder weiterleben. Als Löwin ging ich durch die Steppe, bis ich zu meiner Löwenfamilie kam. Ich sah meine Jungen und stand neben meinem mächtigen Löwenmann und sah ruhig und versunken mit ihm in die untergehende Sonne. Ich fühlte eine beispiellose Ruhe.
Ich habe noch einige Zerstückelungserlebnisse im Zuge meiner schamanischen Schulungen gehabt, doch keines war so stark wie dieses. Ich glaube, dass ich seit diesem Zeitpunkt keine Todesangst mehr habe. Vor einiger Zeit hatte ich einen Autounfall auf der Westautobahn mit voller Geschwindigkeit (140 km/h). Der schwere Wagen war völlig zerstört. Ich stieg aus, hatte weder einen Kratzer noch einen blauen Fleck. Was mich aber am meisten verwunderte, ich hatte keinerlei Angst und keinen Schock. Ich konnte sofort mit einem Ersatzauto auf der Autobahn weiterfahren; auch nach Tagen stellte sich keine Schockreaktion ein. Im Gegenteil, ich fühlte mich

ruhig und geborgen. Da ich schon vorher einmal einen Autounfall hatte, wo sich unser Wagen mit den Kindern überschlug, weiß ich, dass ich am Unfallort immer ruhig und überlegt bin; doch nach einem Tag drehe ich richtig durch.
Das war meine erste Begegnung mit dem Schamanismus, später besuchte ich Schamanismusseminare, gehalten von *Paul Uccusic*. Sowohl die einschlägige Literatur als auch der regelmäßige Besuch einer Trommelgruppe brachte mir diese Techniken näher.

Das Steinorakel

In einem meiner ersten Schamanenseminare lernte ich diese Methodik erstmals kennen und war verblüfft von der Informationsfülle, die man über sich selbst erhält. Da es sich dabei um eine Art von Test handelt, war ich als Psychologin besonders interessiert. Ich bin von meiner klinischen Praxis her gewohnt, zu diagnostischen Zwecken vor einer Therapie eine Testbatterie machen zu lassen und die Ergebnisse dann entsprechend auszuwerten. Im Steinorakel begegnete ich einem uralten Testverfahren, das mir nicht nur Auskunft über das momentane Problem der Person gab, sondern auch darüber, wo die Wurzeln des Problems lagen und wie die Lösung sein könnte. Mit unseren gängigen Testverfahren der westlichen Welt können wir das Grundproblem des Klienten erfassen und auch die verursachenden Situationen aufdecken, die oftmals in der Kindheit liegen. Was mich beim Steinorakel aber immer wieder verblüffte, war die Tatsache, dass sich in den meisten Fällen auch die Lösung des Problems zeigte.
Im Rorschachtest, den ich für einen unserer effizientesten klinischen Tests halte, kann mit Hilfe von Tintenklecksen die Fantasie angeregt werden. Dabei ist der wesentlichste Faktor aber die Art der Wahrnehmung, *was* der Klient sieht. Ob er eine gesamte Form wie z. B. einen Schmetterling wahrnehmen kann oder ob für ihn die Details wichtiger sind; außerdem sind die Assoziationen zu den einzelnen Formen bedeutsam. Da alle Klienten die zwölf gleichen Tafeln vorgelegt bekommen, sind die Ergebnisse auch vergleichbar.
Ganz anders beim Steinorakel. Eigentlich sollte der Klient sich den

Stein in der Natur selbst suchen. Dann müsste er ihn *fragen*, ob er ihn mitnehmen darf. Eine für uns äußerst ungewöhnliche Einstellung. Nun legt der Klient den Stein in einer bestimmten Stellung auf und versucht, in den Maserungen des Steins Bilder zu sehen, und zwar drei unterschiedliche: z. B. sieht er oder sie ein Tier, eine Landschaft, aber auch Gesichter. Das Ganze wird dreimal wiederholt. Man arbeitet demnach mit neun unterschiedlichen Bildern, die dann auch vom Klienten selbst gedeutet bzw. mit Assoziationen angereichert werden. Da ich sehr lange und intensive Erfahrungen mit Symbolbildern habe, gebe ich auch Hilfe bei den Deutungen. Ich habe diese Technik bei vielen Menschen durchprobiert und war immer wieder erstaunt, dass nicht nur das Grundproblem und der Auslöser zutage traten, sondern immer ein Hinweis auf eine mögliche Lösung beinhaltet war. Ich weiß bis heute noch immer nicht, wieso bei so ähnlichen Techniken wie dem psychologischen Rorschachtest und dem uralten Steinorakel der Schamanen so ähnliche und doch unterschiedliche Ergebnisse möglich sind. Es wäre wert, einen wissenschaftlichen Vergleich der beiden Methoden (Rorschachtest und Steinorakel) zu machen, um zu beobachten, mit welchen Seelenanteilen der Klient auf das angebotene Reizmaterial reagiert.

Schamanische Reisen

Diese waren für die Schamanen ein Mittel, um Informationen einerseits über Klienten, aber andererseits auch über Umweltgegebenheiten zu erhalten. Die Technik ist sehr einfach. Ich habe den Eindruck, dass alle diese sehr einfach handhabbaren Techniken und Rituale aus einem Geist der Ganzheit heraus entstanden sind. Körperliches, Emotionales und Geistiges werden nicht getrennt. Die Schamanan halten körperliche und geistige Gesundheit nicht nur von der Realität des Wachbewusstseins abhängig, sondern sind überzeugt, dass die Geister der *anderen Welt* einen großen Einfluss auf unser Leben haben. Diese andere Realität ist für sie Selbstverständlichkeit, und in allen Ritualen kann man diese Einstellung wahrnehmen. Wir sind sozusagen mit unseren Problemen und unserem Leben nicht allein, sondern wirken in eine andere Welt hinein, und diese beeinflusst uns. Die Welt der Geister ist für einen Schamanen nicht Vorstellung oder Konstrukt, sondern Realität des alltäglichen Lebens.

Der Schamane ist ja sozusagen der Arzt und auch Psychologe seines Stammes. Er ist für das seelische und körperliche Wohlergehen der Gruppe verantwortlich. Seine Techniken sind ausschließlich dazu da, dem Stamm Überlebenshilfen zu geben. Daraus verstehen wir dann den *Jagdzauber* oder auch den *Regenzauber*. Versagt ein Schamane, ist er nicht imstande, die für den Stamm lebensnotwendigen Ressourcen zu beschaffen, dann wird er von diesem nicht mehr erhalten; er wird ausgestoßen. Ein Grundprinzip, das wir auch in der chinesischen Medizin finden, wo der Arzt früher nur bezahlt wurde, wenn man gesund war; wurde man krank, hörten die Zahlungen auf. Damit sehen wir auch, dass früher die Konzentration nicht auf Symptome und Krankheit gerichtet war, sondern auf Gesundheit, Ressourcen und Prävention.

Der wichtigste Faktor bei den schamanischen Techniken ist die Trance, ein Zustand, der zwischen Wachbewusstsein und Schlaf liegt. Die körperlichen Anzeichen deuten auf Entspannung und Ruhe, die Hirnaktivitäten sind jedoch in Richtung gesteigertes Wachbewusstsein beobachtbar. Diese Trancezustände spielen bei den Schamanenreisen eine große Rolle. Der Schamane unterscheidet zwei Arten von „Reisen": eine in die „Untere Welt" und eine in die „Obere Welt". Bei der Reise in die „Untere Welt" werden die Krafttiere des Schamanen oder Klienten befragt. Es handelt sich dabei um die sieben Aspekte der Kraft des Menschen. Bei der Reise in die „Obere Welt" wird der „Geistige Führer" des in Trance Befindlichen von ihm befragt. Es geht dabei immer darum, Informationen über Ursachen, Zusammenhänge und Lösungsmöglichkeiten von Schwierigkeiten für Stammesangehörige, Klienten oder sich selbst zu erhalten.

Kriterien schamanischer Techniken

Wie bereits erwähnt, sind diese Techniken entwickelt worden, um dem Menschen das Überleben zu sichern. Schamanische Rituale sind auf der ganzen Welt identisch, ganz gleich, ob sich der Schamane in Afrika, Indien, Amerika bei den Indianern oder aber bei den Inuit befindet. Forscher nehmen an, dass diese Praktiken wahrscheinlich mehr als 20.000 Jahre alt sind. Einige Forscher sprechen sogar von 40.000 Jahren. Jedenfalls standen diese spirituellen Systeme an der Wiege der Menschheit und haben ihr geholfen, die Gefahren, denen sie anfangs relativ schutzlos ausgeliefert war, zu überleben. Vom Weltbild her ist es ein in die Geisterwelt hin gerichteter Blick, der aber den Sinn und das Ziel hat, den realen Lebenskampf zu bewältigen. Es geht bei den Schamanen nicht so sehr um Entwicklung und Entfaltung des Menschen, sondern vorrangig um seine Gesundheit, seine Leistungsfähigkeit in einer feindlichen Umwelt und ums Ganzsein.

Der Schamane und wahrscheinlich auch die Menschen der Urzeit verstanden sich als Teil der Schöpfung. Sie arbeiteten demnach nicht gegen die Natur, sondern mit der Natur und hatten eine tiefe Achtung vor allem Lebendigen. Der Schamane wurde sozusagen vom Schicksal selbst ausgewählt; entweder durch eine *Krankheit*, die man auch schamanische Krankheit nannte, jedenfalls durch Unbillen des Lebens. Er musste dann von einem fertigen und praktizierenden Schamanen in die Lehre genommen werden. Doch musste er auch eine Art Aufnahmeprüfung bestehen, die uns unwahrscheinlich und absurd vorkommt. Nach jahrelanger Ausbildung, die sicher nicht nur darin bestand, Techniken zu lernen, sondern die auch die Schulung der Person miteinschloss, konnte der überaus streng geprüfte Schamane seiner sinnvollen Tätigkeit als Helfer und Heiler seines Stammes nachgehen.

Er versuchte, mit Hilfe von Trancetechniken Informationen zu erhalten, die dem Durchschnittsmenschen nicht zugänglich waren. Viele Schamanen und Schamaninnen hatten auch eine sehr differenzierte Kenntnis von Heilkräutern, die sie zu medizinischen Zwecken einsetzten. Da der Schamane ausschließlich im Dienste seines Stammes

stand, war das Ziel aller seiner Tätigkeiten, diesem zu helfen. Daher war es ihm untersagt, die gelernten Rituale z. B. für sich selbst durchzuführen, ohne dass ein zwingend Grund vorhanden gewesen wäre (z. B. wenn er selbst krank geworden wäre).
Ganz anders aber ist die Einstellung der Seminarteilnehmer bei einem Schamanismusseminar. Der Mensch der westlichen Welt kommt oft aus Neugier, aus Gier nach dem Außergewöhnlichen. Es geht ihm bei solchen Veranstaltungen um spirituelle Sensationslust, nicht aber darum, zu lernen, anderen zu helfen und sich in ihren Dienst zu stellen. Es geht den Teilnehmern oft nicht einmal um die eigene emotionale oder spirituelle Entwicklung, sondern ausschließlich darum, Außergewöhnliches zu erleben und möglichst tolle Gefühle dabei zu haben; und zwar mit realtiv geringem Einsatz. Die Schamanen würden sich im Grab umdrehen, wenn sie erleben könnten, wie der technikorientierte, egozentrische, sensationslüsterne westliche Mensch ihre so sorgsam gehüteten Geheimnisse benutzt. Nicht umsonst macht man den lebenden Schamanen bereits den Vorwurf, sie würden ihr geistiges Erbe dem westlichen Menschen in einer Art Ausverkauf anbieten.

Wirkung schamanischer Rituale

Bei den von mir verwendeten schamanischen Ritualen fällt auf, dass sie eine etwas andere Wirkung als ähnliche psychologische Techniken besitzen. Bei den schamanischen Reisen kann ich immer wieder feststellen, dass die Symbolantworten, die ja in Bildern oder auch einfachen Sätzen gegeben werden, ganz anderes aussagen, als der Trainierende erwartet. Vor allem die Aussagen der „Geistigen Führer" unserer Seminarteilnehmer versetzen mich immer wieder in Erstaunen, da ich ja bei zwanzigjähriger psychotherapeutischer Erfahrung recht gut weiß, welche Antworten sich Menschen in Schwierigkeiten geben. Sie bleiben mehr oder weniger in ihrem eigenen System verhaftet. Vor allem Personen, die großes Selbstmitleid zeigen oder stark destruktive Tendenzen haben, erhalten in solchen Reisen Anweisungen, die ihrem bisherigen Denksystem widersprechen.

Es scheint mir manchmal so, als ob die Antworten aus jenem Teil unserer Seele stammen, den ich – in Anlehnung an die östliche Terminologie – das Selbst nenne. Also jenen Teil unserer Seele, der alles weiß und alles kann. Es ist jener Teil, von dem es in der Bibel heißt, dass er Berge versetzen kann; der Teil, der geistige Heilungen bewirken kann. Es ist jener Teil in uns, den Paulus schon in seinen Briefen den „Gott in uns." nennt. Karl Rahner, ein sehr bekannter katholischer Theologe, meint: „Am Grund der Seele wohnt der Heilige Geist." Dies ist eine Meinung, die vor allem auch von den christlichen Mystikern und Mystikerinnen vertreten wird. Die östlichen Mystiker nennen diesen Seelenanteil *das Selbst* und bezeichnen damit den Urgrund der Schöpfung in uns; jene Urkraft, die in allem Lebendigen vorhanden ist.

Daher ist es nicht verwunderlich, dass Personen, die in diese Dimensionen ihrer Seele vordringen, imstande sind, Vorhersagen über die Zukunft zu machen. Diese Fähigkeit finden wir bei allen Mystikern, die mit diesen Kräften arbeiten. Sie sind sowohl imstande, in die Zukunft wie auch in die Vergangenheit zu schauen. Man tritt mit diesen Techniken sozusagen in eine andere Dimension ein, die dem Wachbewusstsein nicht zugänglich ist und uns daher ungewöhnliche Informationen verschafft. Bei keinem anderen System als bei dem schamanischen konnte ich diese Kriterien vorfinden. Vielleicht sind sie deshalb so ausgeprägt, weil es vor zigtausend Jahren um das Überleben der Menschheit ging; und das konnten wir nur schaffen, indem wir unser Dasein und die gesamte Schöpfung als Einheit betrachteten. Es gab keine Trennung und Abspaltung von Zuständen.

Für Schamanen war ihre eigene Existenz eingebettet in die Welt der Geister so wie in die reale Welt. Die Grenzen waren verschwommen, alles war eins, die geistige und die reale Welt. Heute leben wir in einer Welt der extremen Trennungen. Wir kennen vor allem die reale Welt mit ihren Möglichkeiten; und die geistige oder spirituelle Welt wird uns immer mehr suspekt. Wir haben in den letzten Jahrhunderten viel Sachverstand und Energie aufgewandt, die Dinge möglichst zu trennen, um sie besser im Detail beobachten zu können; das ist eines der Grundprinzipien unseres naturwissenschaftlichen Ansatzes der Weltbetrachtung. Das hat uns enorme Kenntnisse und Macht über die Natur verschafft, aber andererseits hat es uns auch an den Rand unserer Existenz gebracht. Vielleicht ist es kein Zufall, dass wir jetzt wieder integrative Techniken suchen, um diese Trennungen aufzuheben.

Zen-Schulen

Durch das große Interesse der westlichen Welt an östlichen Meditationstechniken kamen einige Zen-Meister nach dem Westen, um ihre Weltsicht und ihr sprituelles System mit seinen sehr anspruchsvollen und extrem asketischen Übungen dem Westen anzubieten. Man sagt ja, dass im letzten Jahrzehnt mehr Menschen im Westen nach dieser Methode meditieren als im Ursprungsland Japan oder China. Hier geht es nicht um Gesundheit wie im Yoga, nicht ums Überleben wie im Schamanismus, sondern ums Leerwerden, um Reinigung von menschlichen Leidenschaften. Heilungsphänomene werden nicht angestrebt, kommen aber vor. Es gibt unterschiedliche Ansätze: einerseits die *Rinsai-Schule,* die zum Ziel die persönliche Erleuchtung des Schülers hat, oder die *Soto-Schule,* die die Heiligung des Alltags zu erreichen sucht. Als religiöses System steht hinter diesen Schulen der Buddhismus, der ja ein Wegkommen von allen Wünschen, Gefühlen und inneren Impulsen anstrebt. Alle Übungen sind darauf gerichtet, sich nicht mehr von seinen positiven oder negativen lebendigen Impulsen quälen zu lassen. „Erst wenn ich bedürfnislos bin, bin ich glücklich", so lautet der Grundsatz.

Dieses Ziel wird mit ungeheurer Konsequenz, meinem Empfinden nach auch teilweise mit männlicher Brutalität verfolgt. Dem Körper wird dabei eine untergeordnete Rolle zugewiesen. Wichtig ist das Ziel: das Leerwerden, damit das „Göttliche" sich in mir auswirken kann. Dieses wird erreicht durch *Sitzen.* Das klingt zwar recht einfach, ist aber meiner Erfahrung nach der schwierigste der bisher beschriebenen Wege. Denn man sitzt oft so lange, dass einem die Füße einschlafen, der gesamte Schultergürtel schmerzt und man den Körper auf diese Weise knechtet. Doch trotz Schmerzen muss man dranbleiben, darf nicht aufgeben; denn durch Überwindung von Schmerz und persönlichem Leid kommt es dann zu dem Zustand des *Leerwerdens*. Man denkt nichts mehr, fühlt nichts mehr, ist einfach nur mehr da. Das absolute Ziel ist die ständige Achtsamkeit, die teilweise dadurch erreicht wird, dass man das Fließen des eigenen Atems beobachtet.

Steven M. Tipton zeigt in seinem Artikel „Zen-Praxis und moralische Orientierung" auf, dass die Überwindung des Schmerzes der Kernpunkt dieser Technik ist:

> Indem er sich so „in den Schmerz hinein entspannt" und „mit ihm eins wird", erfährt er ein Nachlassen des Schmerzes. Auf diese Weise veranschaulicht er oder sie sich selbst die praktische Wahrheit der monistischen Lehre des Zen. Solange der Übende am Schmerz „festhält" und dagegen ankämpft, als ob derselbe ein abgetrenntes Objekt wäre, wird der Schmerz intensiver, was bis hin zu einem Zustand der Empfindungslosigkeit gehen kann. Sobald der Übende den Schmerz jedoch akzeptiert, im monistischen Sinne mit ihm verschmilzt, kommt und geht der Schmerz in den Beinen mit einer erträglichen, wellenartigen Konstanz. Während der Übende „nur sitzt" und nichts anderes tut, scheint der Schmerz vollständig zu verschwinden. (Meister, Gurus, Menschenfänger, 1995, 151).

Ich machte meine ersten Erfahrungen im Zen in den frühen achziger Jahren bei einem Zen-Einführungsseminar im Stift Zwettl, das vom Seminarleiter Herrn Hungerleider abgehalten wurde. Ich erinnere mich noch genau, dass ich an einem der ersten Tage, als wir vor dem Mittagessen bereits einige Stunden gesessen waren, mir alles weh tat, ich das Gefühl hatte, ich müsse aufspringen und schreien. Es waren noch ung. 18 andere Seminarteilnehmer im Raum, und ich musste mich wirklich zurückhalten, um diesem sehr starken Impuls nicht nachzugeben. Es gelang mir aber, dieses starke Bedürfnis zuerst niederzuringen, doch dann ließ ich mich innerlich einfach fallen. Und da geschah etwas Unerwartetes. Ich wurde nicht nur ruhig, sondern ich hatte den Eindruck, an einer inneren Quelle des Glücks zu trinken. Dieses Glücksgefühl wirkte noch lange nach.

So ein Erlebnis muss aber nicht zwangsläufig auftreten, denn bei einem anderen „Sesshin", einem fünftägigen – längerem oder kürzerem – Sitzen, wo man täglich fünf bis sieben Stunden nur ruhig sitzt und möglichst leer zu werden versucht, war es wieder ganz anders. Wichtig dabei ist die Deprivation der Außenreize: Man redet nicht, schließt sich auf diese Weise von der Außenwelt ab. Während des Sitzens selbst versucht man, weder zu denken noch zu fühlen; und so kommen alte Gefühlsanteile hoch, die an die Oberfläche drängen. Man wird von starken Gefühlsstürmen geplagt, die gewaltig hervordrängen, um dann zu verschwinden.

Man könnte es vergleichen mit einer Kur, wo Altes zuerst aktiviert wird, um dann ausgeschwemmt zu werden. Der Körper wird durch die Tortur des Sitzens gezwungen, Negativblockaden abzubauen. Ich ging kurz nach dem Sesshin zu meinem Masseur und dachte, ich würde total verspannt sein, weil ich ja auch unter Schmerzen gesessen war. Doch mein Masseur bemerkte, dass das Gewebe schon lange nicht mehr so locker und leicht gewesen wäre und die sonstigen Verspannungen aufgelöst seien. Er erklärte mir, dass der Körper durch das Sitzen gezwungen sei, die Negativblockaden abzubauen. Gerade durch den Schmerz fängt er sich zu wehren an und schwemmt Negatives aus. Genauso ist es mit der Seele. Die Gefühlsstürme verschwinden und machen einer ruhigen, sicheren, heiteren, festen Stimmung Platz.

Ein *Zen-Sesshin* ist für mich vergleichbar mit einer körperlich-seelischen Entschlackungskur. Man schließt sich total von der Umwelt ab, öffnet sich nur mehr den eigenen Impulsen, die man absichtslos an sich vorbeiziehen lässt, und so kommt es zu einer Art Reinigung. Sinn und Ziel dieser Reinigung ist es jedoch, für das Göttliche in uns frei und offen zu werden.

Der Zen-Meister

Das Zen-System ist dadurch charakterisiert, dass ein Zen-Meister die Entwicklung der Schüler überwacht und auch – je nach Schule – steuernd eingreift. Zen-Meister wird man nicht, indem man eine bestimmte Schule absolviert hat und bestimmte Prüfungen besteht, sondern ein Meister, der seine Laufbahn beendet, ernennt einen Zen-Seminarleiter zu seinem Nachfolger. Also ein Meister ernennt einen, den er lang genug beobachtet hat, zum Meister. Das hat den Vorteil, dass nur wirklich jene Meister werden, die sowohl fachlich als auch persönlich und spirituell einen bestimmten Standard erreicht haben.

Das kann natürlich nur jemand beurteilen, der diesen Standard selbst bereits erreicht hat. Die Schwierigkeit, zwischen Scheinmeisterschaft und echter Meisterschaft zu unterscheiden, hat nicht mehr der Schüler zu treffen. Auf diese Weise ist ein Kontroll- und Qualitätssystem geschaffen, auf das man sich einigermaßen verlassen kann. Denn die Schwierigkeit für den Laien, der sich einer spirituellen Schule anvertraut, ist dadurch gegeben, dass man nur sehr schwer Echtheit von Schein-Heiligkeit unterscheiden kann. Viele selbsternannte spirituellen Meister im esoterischen Freifeld besitzen charismatische Ausstrahlung, bieten den Schülern Erkenntnisse und Aufwertung durch Liebe und Zuwendung, sodass der Schüler ein begeisterter Anhänger dieser oft als Verführer agierenden „Schein-Meister" wird.

Spirituelle Entwicklung und Wachstum führen uns in ein Gebiet, das uns fremd ist und das wir mit den in unserer Kultur üblichen Kriterien gar nicht erfassen können. Denn naturwissenschaftliche Methoden und Kriterien helfen uns wenig, hier echte Unterscheidungskriterien zu entwickeln. Ich weise hier auf das hervorragende Buch „Meister, Gurus, Menschenfänger" (1987) von Ken Wilber, Bruce Ecker und Dick Anthony hin, das sich qualifiziert und höchst effizient mit diesem Thema beschäftigt.

Vorteile und Nachteile spiritueller Systeme

Jedes von Menschen geschaffene System hat seine Vor- und Nachteile; es hat Grenzen, die nicht überschritten werden können. Innerhalb dieser Grenzen kann man die Positiva des Systems ausschöpfen. So ist es bei allen Therapieformen sowohl im medizinischen als auch im psychotherapeutischen Bereich. Es gibt eine große Zahl psychotherapeutischer Schulen, die oftmals einen Absolutheitsanspruch stellen; nur sie allein würden dem Menschen effektiv helfen, die anderen Schulen kämen nicht an sie heran. Eine solche Einstellung ist unsachlich und entspringt eher unserem konkurrenzierenden Machthunger. Denn jede Therapieschule hat ihren Schwerpunkt, daher auch andere Verwendbarkeit.

Die einzige systematische Gegenüberstellung von psychischen Störungen und therapeutischen Schulen kenne ich von Ken Wilber, der in seinem Buch „Die kleine Geschichte des Kosmos" genau zeigt, welche Grenze jede Schule hat, aber auch welche Möglichkeiten. Daher wäre es unsinnig, eine tiefenpsychologische Schule für Sinnfragen heranzuziehen, genauso wie es nicht vernünftig wäre, verhaltenstherapeutische Ansätze für Grundstörungen und Borderline-Problematiken zu strapazieren. Dabei ist auch immer Bedacht zu nehmen, welch Geistes Kind der Gründer einer psychotherapeutischen Schule war. Denn der Geist des Gründers hält sich über Jahrzehnte hinaus als eine Art Dogma in allen Aussagen der bestimmten Schule.

Es steht also hinter jedem System eine grundsätzliche Einstellung zur Welt, zum Leben, ein bestimmtes Wertesystem. In der Wirtschaftsschulung nennen wir einen solchen geistigen Hintergrund für eine Firma ein *Leitbild* und meinen damit, dass jede Firma ein Ziel und eine unverwechselbare Einstellung den eigenen Angestellten, den Kunden, aber auch den Produkten gegenüber hat. Diese Einstellung ist unverwechselbar und macht die Individualität einer Firma, eines Betriebes aus. Genauso ist es bei den therapeutischen Schulen aller Disziplinen und auch bei spirituellen Systemen bzw. Meditationsschulen. Wir sind nicht imstande, alle Werte gleich zu leben. Wir müssen bei jedem System immer eine Auswahl treffen, was uns wichtiger ist: persönlicher Erfolg, Gesundheit oder die Einheit mit dem Kosmos oder aber die Liebe zu einem persönlichen Gott.

Nicht, dass eines das andere ausschließt, doch es gibt in jedem System Präferenzen. Mit Hilfe persönlicher Erfahrung, durch Vertiefung in die Literatur, durch Beobachtung des Verhaltens von Menschen, die nach einem bestimmten spirituellen System leben, kann man gewisse Charakteristika herausfiltern. Es heißt schon in der Bibel: „An ihren Früchten sollt ihr sie erkennen. Ein schlechter Baum hat keine guten Früchte und ein guter Baum keine schlechten." Durch genaue und distanzierte Beobachtung kann man demnach auch die Fehlhaltungen und Schattenseiten eines Systems erfassen. Grob gesprochen könnte man sagen, dass im Christentum und daher auch in allen christlichen Systemen als oberstes Ziel die vorrangige *Präferenz der Liebe* steht, und zwar in mehrfacher Weise: Gottesliebe, Nächstenliebe und Eigenliebe, wobei die Letztere in religiösen Gruppen oft vernachlässigt wird.

Beim Hatha-Yoga-System hingegen steht eher die eigene Harmonie, die Balance von Körper und Seele und die Verbundenheit mit der gesamten Schöpfung im Vordergrund. Die Schamanen wiederum streben nicht nach Durchgeistigung, sondern nach spirituellen Hilfen bei der Bewältigung von Problemen. Zen-Schulen hingegen streben Spiritualität an, ohne jedoch einen Gottesbegriff zu definieren, ohne ein persönliches Verhältnis zu den geistigen Kräften in unserer Seele anzustreben.

Mir ist schon klar, dass dies eine arge Vereinfachung dieser so komplexen und auch alten religiösen Systeme darstellt. Sie soll nur als Demonstration gewertet werden, um klarzustellen, dass menschliche Systeme unterschiedliche Grenzen und Präferenzen besitzen. Jedes System hat seine Vorteile, in diesen sind aber bereits seine Grenzen enthalten. Daher könnte es günstig sein, nicht stur an einem System zu haften, sondern dort, wo die Grenze des einen besteht, durch Methoden des anderen Systems eine Ausweitung zu bewirken. Ein Beispiel aus der Medizin könnte dies deutlich machen. In einer weltweiten Studie wurden die unterschiedlichen medizinischen Systeme und deren Wirksamkeit miteinander verglichen. Es stellte sich wirklich Erstaunliches heraus: Alle medizinischen Systeme haben ungefähr den gleichen Wirksamkeitsgrad, sowohl die klassische Medizin der westlichen Welt wie auch der Schamanismus, die östlichen medizinischen Systeme und auch die Alternativmedizin. Sie erreichen einen Heilungsgrad von ungefähr 50%. Ich könnte mir nun vorstellen, wenn man mehrere Systeme kombiniert, dass der Heilungsprozentsatz erhöht werden könnte. Es ist dies ja in England ohnehin schon der Fall, wo klassische Mediziner mit Geistheilern und Alternativmedizinern in den Spitälern kooperieren. Ähnliches könnte ich mir für die psychotherapeutische Arbeit vorstellen.

Bei fortgeschrittener spiritueller Entwicklung des Menschen verschwinden die Unterschiede aber immer mehr, die Anweisungen der *Meister* vieler religiöser Systeme gleichen einander in Hinblick auf Einstellungen und Handlungsanweisung. Daher ist es verständlich, dass eine Teresa von Avila als christliche Mystikerin im Zen als Meisterin anerkannt wird.

2. Spirituelle Methoden

Anweisungen für notwendige Einstellungen

Alle spirituellen Schulen und Religionssysteme geben dem Suchenden genaue Anweisungen, vor welchen Gedanken er sich hüten soll, wie er sich zu verhalten hat. Es wird eine Gleichheit der unterschiedlichen Zugänge sichtbar. Überall taucht auf, dass wir negative Gedanken und Gefühle meiden sollen, dass wir andere nicht verletzen dürfen, dass wir demütig und bescheiden sein sollen. Anweisungen, die dem modernen Menschen seltsam veraltet und weltfremd vorkommen, weil wir in der westlichen Welt eine total unspirituelle Ausrichtung leben und eher nach dem Prinzip des Kampfes handeln und die egozentrische Überwindung des anderen bevorzugen. Wir streben nicht nach kosmischer Einheit mit allen Geschöpfen, sondern eher nach deren Beherrschung.

Daher können wir Anweisungen, wie sie uns die Weisen aller Religionen ans Herz legen, nicht mehr verstehen; ja, wir belächeln sie sogar. Doch wenn wir über die Jahrhunderte hinweg die Auswirkungen unserer primitiv egozentrischen Einstellungen überprüfen, müssen wir zu dem Schluss kommen, dass wir einer eher destruktiven, menschenverachtenden und umweltzerstörenden Einstellung anhängen, die auf Dauer nicht befriedigend ist; weder für uns noch für den Mitmenschen, noch für unsere Erde.

Es wäre daher günstig, die Kriterien religiös-spiritueller Systeme nüchtern und objektiv unter die Lupe zu nehmen und sie von meh-

reren Standpunkten aus zu betrachten: dem Standpunkt des Individuums, der Gruppe, aber auch ganzer Gesellschaften und schließlich vom Standpunkt der Menschheit und der Erde bzw. des Kosmos. Je nachdem, unter welchem Blickwinkel ich diese Anweisungen betrachte, erhalte ich andere Rückmeldungen. Die Schwachstellen der egozentrischen Haltung sind dadurch gegeben, dass sie nur einen einzigen Betrachtungsstandpunkt kennen, den des Individuums. Doch jedes Indivuum lebt in einer Gruppe, einer Gemeinschaft, und muss daher zwangsläufig auch den Aspekt der Gruppenrelevanz einbeziehen.
Gruppen hingegen haben Auswirkungen auf größere Systeme wie Gemeinden, kleine politische Einheiten, die es auch ins Visier zu bekommen gilt. Und schließlich wirken sich diese Einheiten wieder auf die nächstgrößeren Einheiten wie Länder und Staaten aus, die wieder Einfluss auf Gebilde wie Europa, Amerika etc. haben. So wie aber die Großen miteinander umgehen, gibt es wieder eine Rückkoppelung auf die nächstkleinere Ebene des Landes. So steht alles miteinander in einer unmittelbaren Wirksamkeit, auch wenn wir das im Alltag oftmals nicht so hautnah spüren, wie wenn wir uns in Krisen- und Katastrophenzeiten befinden. Da werden uns die Wirkungen und Zusammenhänge von Einzelschicksalen und Äußerungen einzelner Personen (z. B. Politiker) und die europaweiten Reaktionen hautnah spürbar.

Ziele spiritueller Methoden

Ein vorrangiges Ziel spiritueller Systeme ist es, dem Menschen Hilfen in die Hand zu geben, um gegensätzliche Strebungen, die in ihm selbst begründet sind, zu harmonisieren. Wir leben in einer Welt der Polaritäten, die uns sehr zu schaffen macht. Die Polaritäten in uns: Licht und Schatten, Aktivität und Passivität, Flexibilität und Stabilität etc., aber auch Männliches und Weibliches, Denken und Fühlen, Macht und Ohnmacht; Polaritäten, die in der gesamten Schöpfung begründet sind wie Leben und Sterben, Tag und Nacht, Sommer und Winter machen uns zu schaffen. Einer der Lösungsansätze der westlichen Welt ist es, einen Pol einfach stillzulegen, nicht zu beachten, wegzuschieben, zu verdrängen. Dies führt aber unweigerlich zu einer Erstarrung unseres Gesellschaftssystems; doch Erstarrung bedeutet immer Tod.

Das Prinzip des Lebens ist es, wie uns die Yogis lehren, Gegensätze, die an sich nicht vereinbar sind, harmonisch miteinander zu verbinden; und das je nach sich verändernder Außensituation. Tun wir dies nicht, werden wir durch die Spannungen, die sich zwischen diesen gegensätzlichen Polen aufbauen, geplagt. Verdrängung ist hier keine Lösung. Denn die Schatten, die man verdrängt, wirken sich unbewusst viel stärker aus als im bewussten Zustand; sie werden übermächtig, können aber von uns nicht mehr beherrscht werden. Sie werden überdimensionale, uns unbewusst beherrschende Gigantkräfte, die schließlich nicht nur unsere Seele, sondern auch unseren Körper zerstören. Es gilt also, diese Schatten zuerst wahrzunehmen, zu akzeptieren und dann schließlich als Kraftpotentiale zu integrieren. So wird verständlich, dass die Schamanen meinen: „Dort, wo deine größte Angst ist, da ist auch deine größte Kraft." Sie deuten damit an, dass Angst machende Aspekte der eigenen Person bei Integration eine Quelle der Kraft sind.

Balancen schaffen

Es geht also darum, in sich selbst und somit auch in der Umwelt Balancen zwischen Extremen zu schaffen. Die Yogis tun dies, indem sie in einer Körperübung (einer Asana) zwei ganz unterschiedliche Tendenzen integrieren, nämlich das Halten, die aufrechte Körperhaltung, das Durchstrecken des Rückgrats oder das Anhalten des Atems; also einen aktiven Teil und das Passive, das Lassen.

Es geht in unserem Alltag – ob in der Familie oder im Beruf – immer wieder darum, diese Gegensätze zu leben; und zwar so, dass man selbst nicht zu Schaden kommt, sich selbst nicht vernachlässigt, wie es oft neurotische Menschen tun, aber auch dem anderen keinen Schaden zufügt. Es gibt eine ganze Reihe von Gegensätzen, die es in unserem Leben zu harmonisieren gilt; nicht nur *Ego-Zentrierung* und *Du-Zentrierung*, auch das männliche und weibliche

Element in uns. Auch in der Gesellschaft bedarf es der Ausbalancierung von Gegensätzen, wie kapitalistischen und sozialen Tendenzen, was in den letzten Jahrzehnten zaghaft geschieht.
Wir haben es aber auch mit Gegensätzen wie Askese und Lebensfreude zu tun, oder Jugend und Alter. Das sind Grundpole, die von unterschiedlichen Religionssystemen und Philosophen ganz unterschiedlich bewertet werden. Es gibt auch Strömungen und Tendenzen, die eines von beidem abwerten und so keine Balance ermöglichen. Die körperfeindliche und selbstquälerische Tendenz der katholischen Kirche ist so ein Beispiel. Durch Verdammen des Körpers ist es gar nicht möglich, den Geist ausbalanciert zu entwickeln. Die ausschließliche Hinwendung zum Körper und Lebensgenuss unserer Gesellschaft hingegen ist ebenso einpolig und letztendlich schädlich für die Entwicklung der Menschen.
So triften wir in eine vordergründig genussorientierte Lebenseinstellung des Habenwollens, ohne dafür etwas zu geben. Dies bewirkt Gier und schließlich ein Übermaß an Wünschen, die aber nicht den eigentlichen Kern unserer Bedürfnisse beinhalten und uns dadurch immer wieder „hungrig" und unbefriedigt zurücklassen. Hier blüht ein zügelloser Hedonismus, als ob wir nur die Möglichkeit des Genusses und des Konsums hätten.
Genauso unsinnig und schädlich ist der Jugendkult unserer Gesellschaft, wo wir nur dann etwas wert sind, wenn wir jung – höchstens 38 Jahre alt – sind. Alt sein bedeutet, out, unnötig und unterprivilegiert sein. Das spüren Menschen schon lange, bevor sie in Pension gehen, sich aus dem „aktiven Leben" zurückziehen. Dieser Jugendkult lässt uns wichtige Kräfte unserer Gesellschaft, die mit Erfahrung und Weisheit zu tun haben, vernachlässigen und auf den Müll werfen; Kräfte, die wir genauso nötig haben wie jugendliche Dynamik. Erst der Ausgleich macht unsere Systeme stabil und flexibel. Zu viel Flexibilität könnte unsere so großartigen globalen Wirtschaftssysteme so instabil machen, dass sie schließlich zerreißen.

Was müssen wir daher tun? Für den Einzelnen ist es wichtig, in seinem Wachbewusstsein alle Gegensätze, die sich ihm bieten, als gleichwertig zu akzeptieren, nicht zu werten. Also nicht Leistung als gut und Passivität als schlecht zu deklarieren, jung als gut, alt als schlecht usw. Werte sollten „gleichwertig" nebeneinander existieren können und nur auf ihre momentane Brauchbarkeit hin überprüft werden. Welche *Wertepräferenz* benötige ich in welcher Situation? Das wären die Fragen, die wir uns auch im Alltag stellen sollten. Ich habe schon vor Jahren ein Spezialtraining entwickelt, das sich mit dieser Problematik beschäftigt und sich „Werte-Training" nennt.

Denn es hat sich bei vielen meiner Patienten gezeigt, dass die Nichtakzeptanz von Werten, die uns von unseren Erziehungsinstanzen (Eltern, Lehrern, Kirchen) mitgegeben wurden, neu zu überdenken und zu prüfen ist, ob uns die negative Einstellung zu lebensnotwendigen Dimensionen nicht in unserer Entwicklung blockiert. Durch eine neutrale bis positive Einstellung zu allen Werten, gleich, auf welcher Ebene sie sich befinden (also materielle Werte, geistige Werte etc.) werden Verkrampfungen und Blockaden gelöst. Wir werden uns bewusst, dass Leben ein ständiger Balanceprozess ist, wo wir entgegengesetzte Pole zu vereinen suchen, und das täglich und stündlich. Denn je nach Situation und Ziel sind andere Balancen für uns erforderlich. Diese vorerst recht bewusst gepflegte Einstellung wirkt sich aber bis ins Unbewusste hinein aus, indem wir durch unsere andere Zugehensweise auf Alltagssituationen auch andere Reaktionen als bisher in unserer Umgebung hervorrufen, was abermals einen entlastenden Effekt hat.

Ein Beispiel für den Mangel an Balance in unserer Gesellschaft ist unsere übermäßige Leistungsbereitschaft, die bei vielen westlichen Menschen bereits zu Stresserscheinungen bis hin zu schweren Erkrankungen führt. Nur Leistung – so wie die Gesellschaft sie definiert – zählt, alles andere nicht. Wir werden ja auch in treffender Weise „Leistungsgesellschaft" genannt und definieren unseren Wert als Mensch ausschließlich über gesellschaftlich anerkannte Leistungen, die aber sehr einseitig als außerhäusliche Berufstätigkeit definiert ist. Und hier hat vor allem die technische Seite des

Lebens den besonderen Vorzug. Für diese Werte sind wir bereit, unser ganzes Leben, unsere Existenz einzusetzen, um „hinaufzukommen", um „prestigeträchtige Posten" zu erhalten, setzen viele Menschen, Männer und jetzt auch Frauen, die Familie, die Beziehungen und unsere vielfältigen Fähigkeiten aufs Spiel. Wenn wir dann in Pension gehen, müssen wir zugeben, dass wir einem Mammon nachgelaufen sind, dass wir diesem Phantom unser ganzes Leben geopfert haben und von ihm betrogen wurden, weil wir nicht imstande waren, ein ausbalanciertes Leben zu leben.

Das Ich transzendieren

Sowohl im christlichen Bereich als auch im Buddhismus und den Äußerungen von Mystikern anderer Religionen, z. B. den Sufis im Islam, finden wir die Forderung, dass der Übende bzw. der Gläubige sein Ich hinter sich lassen und dieses transzendieren soll. Er muss die Grenzen des Ich sprengen. Es gibt dafür zwar keine detaillierten Anweisungen, wie dies zu geschehen hat oder welche Hilfen bei diesem Vorhaben günstig sind. Die wichtigste Hilfe dabei ist ein „Meister", der diesen Schritt schon getan hat und daher seine Schüler kontrollierend begleiten kann.

In seinen neuesten Forschungen und Systematisierungen spiritueller Entwicklungsstufen stellt *Ken Wilber,* der als „Einstein der Bewusstseinsforschung" bezeichnet wird, diese Forderung auf, ein Phänomen, das in der Psychologie total unbekannt ist und mit dem sich Psychologen auch noch nicht beschäftigt haben. Psychologen sind ganz im Gegenteil bestrebt, dass ihre Klienten möglichst große Ich-Stärke entwickeln, einen starken Willen leben und die Eigenbedürfnisse nicht nur erkennen, sondern auch befriedigen lernen. Das ist sicherlich eine wichtige Voraussetzung für diesen geistigen Entwicklungsschritt, doch nicht das Ziel spirituellen Handelns. Wenn wir das Buch von *E. Fromm* „Die Kunst des Liebens" (1971) oder auch „Haben oder Sein"(1979) aufmerksam lesen, werden wir bemerken, dass ein derartiger Menschentyp, der sein Ich transzendieren kann, als Mensch der Zukunft beschrieben wird. Es ist dies jemand, der imstande ist, die gesamte Schöpfung

zu lieben, sein Ich hintanzustellen und Verantwortung für alle zu übernehmen.
Transzendieren würde nach meinem Dafürhalten bedeuten, dass wir unsere eigenen Ansprüche zurückstellen, uns unter den Willen des Allerhöchsten beugen, von einer Ich-Verantwortung, Du- und Wir-Verantwortung zu einer kosmischen Verantwortlichkeit kommen. Jörg Zink, evangelischer Theologe und Meditierender, gibt in seinem neuen Meditationsbuch „Die goldene Schnur" einige Hinweise in diese Richtung.

> „Solange wir von unserer Leistung überzeugt sind, sind wir noch angefüllt mit uns selbst. Woher haben wir denn unseren wirklichen Wert? Wenn du einmal von einem anderen wirklich geliebt worden bist, weißt du es: Du bist so viel, wie er in dir sieht. Die Augen der Liebe bestimmen deinen Wert. Sie machen dich unersetzlich. Und das ist dann gerade kein künstlicher, sondern dein wirklicher Wert" (S. 138).

Und weiter unten:

> „Spirituelles Leben besteht weniger darin, dass wir etwas gewinnen, dass wir also besser werden, wachsen und zunehmen an dieser oder jener Qualität, als darin, dass wir viel, sehr viel, aufgeben, abgeben und weggeben. Spirituelles Leben gedeiht am lebendigsten in einem inneren Raum, in dem die Gedanken und die Wünsche, die Leistungen und das eigene Wachstum immer unwichtiger werden" (S. 139).

Und in einem Beispiel ausgedrückt meint er:

> „Ich stelle mir manchmal vor: Ich gehe einen Feldweg entlang. Nun lege ich eins ums andere, das mich ausmacht, am Wegrand nieder und gehe weiter. Die Jacke, den Schirm, die Uhr, das Taschenmesser, den Autoschlüssel, die Brieftasche, die Lesebrille, die Landkarte. Alles, was an Schuhwerk und Bekleidung entbehrlich ist. Ich verstehe dabei, dass es im Grund um ein solches Ausziehen und Ablegen geht, bis

> hin an den Punkt, an dem ich nichts mehr von dem mit mir führe, was mich ausweist, was mir meine Rolle zuspielt oder was den anderen an mir zeigt, wer ich sein will.
> So von sich selbst zu denken, so Abstand zu nehmen von der eigenen Wichtigkeit ist unmodern. Ich weiß. Aber es wäre auch für uns gut, so denken zu können und nicht immer nur unser aufgeblasenes Ich zu betrachten. Unser Umgang mit anderen Menschen und anderen Geschöpfen und mit den Elementen, in denen wir mitleben, würde anders, lebendiger und fruchtbarer" (S. 139/140).

Diese Anforderung kann aber für Menschen, die ein unreifes und schwaches Ich haben, eine Falle darstellen. Es gibt eine Reihe von „Gläubigen", aber auch Verbildeten, die die Einstellung haben, dass Selbstlosigkeit das einzig anstrebbare Ziel eines erfüllten Lebens sei. Sie vergessen, ihr Ich zu entwickeln, die Kräfte des Ich zu schätzen und zu entfalten. Das hat aber fatale Auswirkungen auf ihr Leben und ihre Beziehungen zur Umwelt. Diese Einstellung wurde vielen Menschen bereits mit der Muttermilch eingegeben. Traditionellerweise wurden Frauen früher auf diese Art erzogen bzw. „verzogen".

Ich habe das einmal in einem Seminar vor Jahren auf erschütternde Weise miterleben können. Ich wurde von einer katholischen Frauenorganisation eingeladen, ein Seminar zum Thema Aufbau des Selbstwertgefühls zu halten. Es kamen mehr als 20 Frauen vor allem mittleren Alters (zwischen 40 und 60 Jahren). Nach einem Tag gemeinsamer Arbeit und des Vertrautwerdens hat eine ganze Reihe von Frauen geäußert, dass sie in den letzten 20 Jahren niemals „Ich will" oder „Ich will nicht" gesagt haben, weil ihnen das kleine Wörtchen „Ich" fremd geworden sei. Das Einzige, wofür sie lebten, waren die Familie, ihr Mann und die Kinder, deren Bedürfnisse zu befriedigen.

Wir wissen aber aus den Forschungen bezüglich des *Helfersyndroms,* dass diese ausschließliche Beziehung zum Du nur deshalb gelebt wird, weil der Mensch sich nicht getraut, sein Ich zu entwickeln. Er möchte geliebt und geachtet werden, dafür ist er dann ganz für andere da. Er hält weder Spannungen aus noch die Ablehnung durch andere. Damit ist er aber nicht ein Held, sondern ein seelischer Krüppel, der sich vor allem in sehr differenzierten Teams schwer tut, weil er nicht imstande ist, Konflikte auszutragen und emotionale Distanz gelassen hinzunehmen.

Bei einer Schulung sozial aktiver Männer mit starker Kirchennähe gab es zwei junge, intelligente und sehr sensible, liebenswerte Experten, deren Lebensziel es war, sich für andere aufzuopfern. Bevor sie einem anderen etwas abschlagen, gehen sie lieber selbst drauf. Sie waren auf diese fatale Fehlhaltung sehr stolz und meinten, ein hohes Ideal in ihrem Leben zu verwirklichen und mit dieser Einstellung eine tiefe Spiritualität zu leben. In Wirklichkeit war das Haus ihrer Religiosität auf Sand, auf krankhaften Treibsand gebaut. Es wird Zeit, dass sich auch in religiösen Kreisen die Balance des „Liebe Gott und deinen Nächsten wie *dich selbst*" durchsetzt, um krankhafte Verzerrungen zu reduzieren.

Wenn wir also beim Bild des Jörg Zink bleiben, so ist es nur dann möglich, auf dem Feldweg etwas wegzulegen, wenn wir es vorher in der Hand hatten. Menschen, die noch keine entsprechende Ich-Entwicklung durchlebt haben, können ihr Ich nicht transzendieren. Jemand, der nicht imstande ist, für sich und seine eigenen Bedürfnisse zu sorgen, ja sie nicht einmal kennt, ist auch nicht imstande, andere zu lieben. Daher ist *eine Voraussetzung* für spirituelles Leben ein *gesundes* und *stabiles* Ich, das Frustrationen ertragen kann, das imstande ist, die eventuelle Ablehnung der Umgebung zu verkraften, das konfliktfähig ist und sich gegenüber dem Nächsten abgrenzen kann, ohne diesen unnötig zu verletzen.

In Wahrheit sind es ja gerade die besonders lieben, hilflosen, dubezogenen Menschen, die in Extremfällen dann umso stärker verletzen, die zu einer Brutalität imstande sind, wie es der bewusst kämpfende Mensch nur selten tut. Die Unterdrückung aller ichhaften Impulse lässt diese unbewusst übermächtig werden. Unbewusst sind gerade die Menschen mit besonders ausgeprägten hohen Du-Idealen die Brutalsten und Gefährlichsten, weil sie eigentlich das, was sie verdrängen, unbewusst ausleben. Sie sind unsere freundlich helfenden „Vergewaltiger".

Ich selbst konnte das in einer Situation meiner totalen Hilflosigkeit erleben. Ich hatte einen Darmdurchbruch und durfte kurz nach der Operation weder essen noch trinken; ich war an eine große Anzahl von Schläuchen angehängt, konnte mich daher auch nicht aus meinem Bett begeben, war an dieses gefesselt. Eine besonders freundliche, liebevolle und hilfsbereite Krankenschwester half mir bei dem sehr schwierigen Akt des Exkrementelassens. Sie war bestrebt, mir nicht meine Würde zu lassen, sondern mich wie ein Baby zu versorgen, mir meine Eigenständigkeit zu nehmen, indem sie mir wie einem Baby mein Hinterteil gewischt hat; gerade, dass sie mich nicht in Windeln gelegt hat. Ich merkte damals meine Wut und dass diese Schwester nur ihre eigene Macht über Hilflose ausleben möchte. Mit Helfen – das spürte ich damals genau – hat das aber nichts zu tun.

Wie könnte nun ein ichstarker Mensch aussehen, der die Ich-Entwicklung gut durchlaufen und auch die spirituelle Entwicklung bis zu den höchsten Höhen geschafft hat? Das für mich beeindruckendste Vorbild in dieser Hinsicht ist die heilige *Teresa von Avila.* Diese Frau hat nicht nur in jahrelangen Meditationen einen außergewöhnlichen geistigen Weg eingeschlagen, sie hat auch die Ordensgemeinschaft der Karmelitinnen reformiert. Damals waren Klöster der Hort für abgeschobene, aristokratische Frauen. Man kann sich vorstellen, dass diese Frauen keinerlei Interesse an einem gottesfürchtigen oder religiösen Leben hatten. Sie trugen Schmuck, schöne Kleider und empfingen im Kloster ihre Liebhaber. Gegen massiven Widerstand hat Teresa diese Zustände verboten und abgeschafft, eine klösterliche Ordnung durchgezogen. Nicht nur das, sie hat auch darauf gedrungen, dass sich die Ordenshäuser selbst erhalten und die Nonnen ihren Lebensunterhalt durch Arbeit selbst verdienen.

Damit hat sie deren Unabhängigkeit gesichert und den Zugriff der Kirchenmänner gelockert. Sie selbst ist dabei mit gutem Beispiel vorangegangen und hat jede freie Minute dazu verwendet, fleißig zu spinnen. Nun hat sie vom ansässigen Bischof regelmäßig Besuch erhalten, um ihm in zahlreichen Gesprächen Ratschläge für sein Amt zu geben. In der modernen psychologischen Terminologie würden wir sagen, sie war seine Supervisorin bzw. sein Coach. Da sie nun auch während dieser Gespräche mit ihrem Spinnen fortgefahren ist und das den Bischof nervös gemacht hat, bat er sie, damit aufzuhören. Teresa rechnete sich den Stundenlohn ihrer Arbeit aus und bot dem Bischof an, während ihrer Gespräche nicht zu spinnen, wenn er ihr den Betrag, der ihr durch das Nichtspinnen entgehe, zahle. Der Bischof war einverstanden.

Wenn wir zu gierig etwas anstreben, nicht loslassen lernen, so gleitet das Begehrte oft von uns weg; so, als ob es sich uns entziehen würde. Oft brauchen wir Jahre, bis wir begreifen, dass wir einfach nicht alles haben können, dass wir lernen müssen, zu verzichten. In dem Moment, wo wir das akzeptieren, wo wir nicht mehr eingeengt und krampfhaft nach der Erfüllung unserer Illusionen streben, uns bildlich gesprochen umdrehen, läuft es uns nach (auch Menschen und Partner).

Für mich ist daher *Transzendieren* ein Prozess, wo wir alle unsere Fähigkeiten, die wir ein Leben lang so mühsam entwickelt haben, voll integrieren, weil wir nicht mehr an ihnen hängen, sie keine Bedeutung mehr für uns haben. Indem wir sie „wegwerfen", sie nicht mehr wie ein Schild stolz vor uns hertragen, werden sie für uns und andere erst richtig wirksam, weil sie vom aufgeblähten Egoismus, der sie blockiert, befreit sind.

Kosmische Einheit Leben

Viele Menschen, die Nah-Todeserlebnisse haben, wie sie der amerikanische Arzt *R. Moody* in seinen Büchern ausführlich zusammengetragen und beschrieben hat, sprechen immer wieder davon, dass man sich im Zustand außerhalb des Körpers als Teil des Ganzen fühlt. Sie teilen übereinstimmend mit, dass sie sich außerhalb des Körpers nicht nur gefühlt, sondern auch gesehen haben. Nachdem sie nun entweder durch einen Tunnel oder aber auch in anderer

Weise zu einem sehr starken Licht gekommen seien, wo sie ein unbeschreibliches Gefühl des Geliebtwerdens hatten, kamen sie zu einem Bewusstsein des Eins-Seins mit allem Lebendigen und auch dem Unlebendigen. Sie erfassten plötzlich, dass dieser Geist der Liebe, den sie als Licht wahrgenommen haben, alles und jedes durchdringt und somit sie selbst nur ein Teil dieser kosmischen Liebe sind. Das hat sie unendlich glücklich gemacht.
Ähnliches berichten auch immer wieder erleuchtete Menschen. Es komme zu Momenten, die sie selbst nicht steuern konnten, wo sie sich aber als Teil eines Ganzen fühlten. Dass sie nicht mehr abgetrennt als Individuum existierten, sondern unmittelbar erlebten, dass alles Lebendige, alles Geschaffene die gleichen Grundlagen, die gleiche Verwandtschaft besitze. Sie meinen, dass sie dies mit einem großen Glücksgefühl, aber auch mit dem Bewusstsein des Sinns erfülle. Etwas, was nicht beschreibbar sei.
Wenn man Teil des Ganzen ist, kann man sich nicht mehr einsam fühlen, man ist nicht mehr abgetrennt. Das Abgetrenntsein ist ja eine Definition, die katholische Theologen für die „Sünde" verwenden. *Kabat-Zinn* beschreibt dies in seinem Buch „Gesund durch Meditation" folgendermaßen:

> „Das Netz des Miteinander-verbunden-Seins geht weit über unser psychologisches Selbst hinaus. Während wir unserem Wesen nach ‚ganz' sind, sind wir gleichzeitig auch Teil eines größeren Ganzen" (S. 145).

> „Ganz-Sein und Verbunden-Sein sind fundamentale Eigenschaften unseres Wesens, trotz der Narben, die wir aus unzähligen Schlachten davongetragen haben. Das wirklich grundlegende Ganz-Sein bleibt davon unberührt. Es ist immer vorhanden. Unsere Kämpfe, Krankheiten und Leiden sind in ihm enthalten, und wir sind mit ihnen ebenso ganz, wie wir es vorher ohne sie waren. Wir werden ganz geboren und verlieren unsere Ganzheit auch nicht durch Kummer und Schmerz. Es ist unsere eigentliche, immer vorhandene und immer zugängliche Natur. Meditation ist nichts ande-

> res als eine Tür, die uns Zutritt verschafft. Durch die Meditationspraxis überwinden wir Ängst, Isolation, Fragmentierung und Leid."
>
> „Gesundheit bedeutet, ganz sein; Ganz -Sein bedeutet Integration, bedeutet Vernetzung aller Teile eines Systems. Die wesentliche Eigenschaft des Ganz-Seins ist, dass es nie aufhört."

Etwas anders drückt sich der rein christlich orientierte Autor und evangelische Pastor *Jörg Zink* aus, der in einer einfühlsamen tiefen Weise die Möglichkeiten und Wege der Meditation beschreibt:

> „Umgang mit der Erde, das ist Spurensuche im Geheimnisbereich des Lebendigen. Denn alles hat Leben, auch der Stein, auch der Sand. Alles ist Klang, ist schwingende Energie. ‚Eins zu sein mit allem, was lebt' – dieser heimliche Wunsch aus der Seele Friedrich Hölderlins hat mich getroffen, als ich achtzehn war, und er verlässt mich bis zum heutigen Tag nicht (der Autor war 77 Jahre, als er das schrieb). Denn alles ist eins. Wohin immer ich mich wende, ich finde Entsprechungen zwischen mir und den Dingen, Entsprechungen zwischen den Gesetzen, die in mir gelten und in ihnen. Ein erstaunliches Zusammenspiel von Proportionen, Wachstumsvorgängen, Vorgängen der Auflösung und Neugestaltung. Was im Himmel gilt, gilt auf der Erde. Was für den Geist gilt, gilt für die Seele und den Leib. Was sich dem Herzen nahe legt, gilt für die Gemeinschaft der Menschen. Was für die Lebenden gilt, gilt für die Toten. Verändert natürlich, so jeweils, wie es der anderen Dimension angemessen ist" (Die goldene Schnur, 1999, S. 172).

Das Sich-getrennt-Fühlen ist demnach der Urgrund unserer Schwierigkeiten, ein Zustand, der durch Isolation, Leiden und zugefügte Schmerzen in der Kindheit hervorgerufen werden kann. Das Ziel unseres Tuns ist es einfach, diesen Zustand des Ganz-Seins wieder bewusst zu machen, wieder zu dieser Ureinheit zurückzukommen, die wir den paradiesischen Zustand nennen, den wir nach der Lehrmeinung der Psychologie im Mutterleib erlebt haben und nach Ansicht der Anthropologen auch in der Urzeit der Menschheit. Jetzt ist es Auserwählten gelungen, durch spezifische Techniken wie Meditation und Gebet, diesen Zustand des Einsseins mit allem wiederherzustellen und so auch eine Art Paradies in uns wiederzuentdecken. Dies könnte die eigentliche Bedeutung des Wortes der Bibel sein, dass der Himmel nicht irgendwo in den Welten, sondern in uns sei. Dieser Zustand ist aber nicht willentlich herbeizuführen, er ist eine Gnade. Er überfällt uns zuweilen ohne Vorwarnung, ohne dass wir ihn erwarten. Menschen in Lebensgefahr, Menschen mit Nah-Todeserlebnissen erzählen davon.

Sie meinen auch, dass sie eigentlich in diesem Zustand verharren wollen. Viele, die von „drüben herüberkommen", bedauern dies und wollen in diesem Zustand des Allbewusstseins mit dem begleitenden Glücksgefühl bleiben. Sie sind ihren „Rettern", die sie von drüben zurückgeholt haben, böse. Sie sprechen davon, dass sie diesen Zustand als „Nachhausekommen" erlebt haben. Man hat keine Fragen mehr, keine Wünsche. Es ist also das wunschlose Glück, das wir uns eigentlich alle ersehnen.

Mittel, um diese Ziele zu erreichen

Um diese Ziele zu erreichen, werden uns unterschiedliche Methoden angeboten, die einander verblüffend ähnlich sind, obwohl sie aus den unterschiedlichsten Religionssystemen und spirituellen Schulen stammen. Ich liste die mir vom psychologischen Standpunkt aus am wichtigsten erscheinenden Anweisungen nachstehend auf:

- positiv denken
- positiv fühlen
- im Hier und Jetzt leben
- leer werden von eigenen Strebungen
- angefüllt werden mit Hilfe von Meditation und Gebet

Positives Denken

Darüber sind schon unzählige Bücher geschrieben worden, vor allem Amerikaner wie *J. Murphy* und *N. Peal* haben sich weltweit einen Namen gemacht, indem sie ihren Lesern die Vorteile positiven Denkens nahegebracht haben. Mir krampft sich aber immer ein wenig der Magen zusammen, wenn ich derartige Bücher lese, die sicherlich ihren Stellenwert und ihre Bedeutung haben. Warum? Weil die Dinge, um die es hier geht, doch nicht so einfach liegen, wie wir meinen, und weil in jeder Vereinfachung auch wieder eine Falle und eine Möglichkeit zur Fehlentwicklung enthalten ist. Es gibt grundsätzlich zwei gegensätzliche Grundhaltungen, die Welt und sich selbst zu sehen:

Optimismus und Pessimismus

Beide Haltungen sind Extreme eines Kontinuums, also wieder Gegenpole, die es in sich zu vereinen gilt. Es stimmt nicht, dass der eine Pol gut und der andere schlecht ist. Einseitig ausgelebt sind beide Pole, egal, ob es sich um Pessimismus oder schrankenlosen Optimismus handelt, psychische Fehlhaltungen. Beim Pessimismus ist uns das klar, doch der Optimist ist von den gleichen negativen Gefühlen gesteuert wie der Pessimist.

Hinter diesen Extremhaltungen steht Lebensangst. Pessimisten sind Menschen, die Angst vor anderen Menschen haben, die von Versagensängsten geplagt werden und Angst vor Verletzung und Misserfolg internalisiert haben. Sei es nun, dass man ihnen früh in ihrer Familie eingeredet hat, sie wären Versager; sei es, dass die Nähe von geliebten Menschen für sie immer wieder mit Verletzung verbunden war. Sie hatten das Pech, dass sie in ihrer Kindheit kein Urvertrauen in sich und ihre Umgebung aufbauen konnten und dadurch auch kein Selbstvertrauen entwickelt haben. So sind sie sich und der Welt gegenüber misstrauisch und meinen, es könne nichts gut gehen, was mit ihnen zu tun hat.
Aus dieser Angst heraus nehmen sie in jeder neuen Situation auf jeden Fall das Schlimmste an. Das ist für sie eine praktische Technik, denn auf diese Weise frustrieren sie sich ja am wenigsten – glauben sie. Wenn der Fall, den sie in ihrer Schwarzmalerei vorausgesehen haben, eintritt, dann waren sie ja darauf vorbereitet. Wenn der Fall nicht eintritt, umso besser. Kabat-Zinn hat in seiner Stressklinik in Amerika, wo er vor allem Menschen mit chronischen Schmerzzuständen und Krebs behandelt, solche Pessimisten beobachtet und stellt Folgendes fest:

> „Die zu Pessimismus neigenden Personen gaben sich die Schuld an dem erlebten Missgeschick. ‚Immer passiert mir so etwas', ‚Das habe ich nun davon', ‚Wer weiß, ob es je wieder besser wird', ‚Jetzt kann ich auch dies oder jenes nicht mehr tun', so lauteten ihre Kommentare. Auch rechneten sie damit, dass sie unter den Folgen (ihrer Krankheiten) lange zu leiden haben würden. Im Extremfall führt diese Einstellung zur Depression, Hoffnungslosigkeit und ausgeprägtem Selbstmitleid. Es ist die Einstellung eines Menschen, der jederzeit mit dem Schlimmsten rechnet" (S. 177).

Wenn man aber weiß, dass die negativen Gefühle der Angst und Hilflosigkeit Auslöser für diese Gedanken und diese Weltsicht sind, ist klar, dass man das nicht so einfach ändern kann. Ein Pessimist fühlt sich durch einen Optimisten verhöhnt, ja er wird diesen sogar als naiven Weltverbesserer verachten. Sätze wie „Denke positiv, es wird nicht so schlimm werden“ haben bei einem chronischen Pessimisten oft nur die gegenteilige Wirkung. Das Negative an dieser Einstellung zeigt sich nicht nur in den negativen Gedanken, das eigentlich Negative sind die durch die Gedanken ausgelösten negativen Gefühle.

Ich habe in meiner jahrelangen klinischen Praxis beobachten können, dass es Gefühle gibt, die den Menschen innerlich seelisch und körperlich vergiften. Die Wirkung von Emotionen wie Hass, Neid, Angst, Eifersucht, Hilflosigkeit, Unsicherheit, Ohnmacht sind für den, der sie hat, *Energiefresser.* Bei schweren psychischen Störungen kommen diese Gefühle in enormer Stärke vor und werden vom Patienten mit fast übermenschlicher Kraftanstrengung unterdrückt.

All das wirkt sich selbstverständlich auch auf die Gesundheit aus. Zitat von *Kabat-Zinn:*

> „Dr. Seligman (ein Stressforscher) und seine Kollegen zeigten, dass Pessimisten im Gegensatz zu Optimisten in schwierigen Situationen eher anfällig sind für Depressionen, dass sie weniger krankheitsresistent sind und zu hormonellen Störungen sowie auch zu Störungen des Immunsystems neigen. In ihren Studien mit Krebspatienten wurde deutlich, dass die ausgeprägten Pessimisten unter ihnen zuerst starben. Eine andere Studie mit Baseballspielern erwies, dass die Männer mit einer pessimistischen Lebenseinstellung – obwohl noch jung und gesund – mit größerer Wahrscheinlichkeit ebenfalls früher starben als ihre optimistischen Kollegen“ (S. 178).

Viele Menschen meinen nun, dass Optimismus die Heilung dieser Einstellung wäre; doch weit gefehlt, dies ist nur die spiegelbildlich gegenteilige Fehlhaltung. Wenn ein Mensch enorme Angst vor dem Leben, vor Verletzung und dem Bösen hat, dann leugnet er diese einfach. Optimisten sind Menschen, die die Augen vor der Schlechtigkeit der Welt und dem Bösen in sich selbst verschließen und oft einen lebensfremden Positivismus leben. So wie Pessimisten *alles* schlecht sehen, sehen Optimisten *alles* gut. Es ist bloß die andere Seite der Medaille. Es sind Menschen, die bereit sind – da sie ja alle Menschen nur gut sehen –, sich für diese grenzenlos einzusetzen. Wie enttäuscht sind sie dann, wenn die anderen ihren Einsatz nicht so schätzen, wie sie es erwartet haben. Es gibt Optimisten, die ihr Leben lang wie blinde Kinder durch die Welt laufen und auch noch im Alter diese Fehlhaltung pflegen und oft stolz darauf sind. Es gibt aber auch Optimisten, die dann in den Pessimismus, also die gegenpolige Fehlhaltung, kippen, weil sie doch nicht ganz die Augen vor dem Brutalen, dem Bösen und der Gewalt verschließen konnten und ihre Technik des „Alles-gut-Sehens" nicht mehr gegriffen hat.

Es geht also darum, die Balance zu wahren zwischen Optimismus und Pessimismus und einen gesunden kernigen Realismus zu leben. Dabei ist es notwendig, sich von den positiven und negativen Aspekten des Lebens nicht allzusehr beeindrucken zu lassen. Wir sind gewohnt, die Dinge, die uns begegnen, sofort zu beurteilen. Dabei benennen wir positiv, wenn sie in uns ein gutes Gefühl erzeugen, auch wenn es uns langfristig schadet. Negativ ist im allgemeinen für uns, wenn wir uns belastet fühlen und eine Sache Spannung erzeugt. Wir sind also gewohnt, ganz gleich, ob es sich um Menschen, um neue Situationen, um Gegenstände handelt, nach diesen Kriterien sehr rasch zu urteilen und auch zu verurteilen und dabei unseren Grundraster (Positivismus oder Negativismus) zu verwenden. Auf diese Weise leben wir aber am Leben und unseren Möglichkeiten vorbei.

Kabat-Zinn nennt eine positive Grundlebenseinstellung Optimismus und findet, das sei der Schlüssel zu unserem Selbstvertrauen. Wenn wir unserem Schicksal vertrauen, wenn wir der Überzeugung sind, dass wir in der Hand einer höheren Macht sind, die uns wohlgesonnen ist, die uns führt und uns zur eigenen Entfaltung verhilft, so werden viele Situationen, die wir sonst meiden, anders angenommen werden. Selbstvertrauen kann sich nur entwickeln, wenn man zuerst Vertrauen aufbauen kann zu den Eltern, dem Schicksal und schließlich zu den eigenen Kräften und Fähigkeiten. Das ist der eigentliche Schlüssel der positiven Gedanken und Gefühle. Nicht ein kindlicher Optimismus ist gemeint, sondern ein tiefes Wissen um Zusammenhänge, ein tiefes Vertrauen zum eigenen Schicksal und außerdem Zutrauen zu den eigenen Kräften, auch ein Ahnen, dass es liebende Kräfte außerhalb der eigenen Existenz gibt, die uns umgeben.

Dazu Kabat-Zinn:

> „Ein starker Verbündeter der Gesundheit ist der Glaube an die eigene Fähigkeit, dem Leben gewachsen zu sein und sich von schwierigen Umständen nicht ‚unterkriegen' zu lassen. Dr. Albert Bandura und seine Kollegen von der Medizinischen Fakultät der Stanford-Universität fanden heraus, dass Zuversicht und ein starkes Selbstvertrauen die besten Garanten für die Genesung nach einem Herzanfall sind. Zuversichtliche Menschen mit einem gesunden Selbstvertrauen kommen beispielsweise auch mit arthritischen Schmerzen besser zurecht und sind eher in der Lage, Veränderungen im Lebensstil auch auf Dauer durchzuhalten. Sie zweifeln nicht daran, dass sie das, was sie anfangen, auch erfolgreich zu Ende führen können. Diese innere Überzeugung beeinflusst, womit man sich beschäftigt, wie sehr man bereit ist, sich dafür anzustrengen, ehe man aufgibt, oder wie mühevoll bzw. leicht man es findet, Schlüsselbereiche seines Lebens unter Kontrolle zu bringen."

Gerade die Meditation kann für diese Einstellung wertvolle Hilfen leisten und uns aus dem negativen Regelkreis einer persönlichen Fehlhaltung herausführen. Für viele Menschen ist entscheidend, aus dem eigenen System der Lebensverhinderung aussteigen zu können, das oftmals wie ein Kerker wirkt. Dies ist in der Meditation durch die innere Distanz möglich, die man zu sich selbst und seinen Lebensimpulsen erhält. Man kann üben, sich von außen zu sehen, seine Handlungen und Gedanken neutral zu beobachten, die

Zusammenhänge zwischen den eigenen Gedanken, den Verhaltensweisen und den Wirkungen auf sich und die Umwelt nachzugehen. Durch die Erkenntnisse kann man wahrnehmen, dass man eigentlich alles selbst in der Hand hat, ob man sich gut oder schlecht fühlt; und die ewigen Projektionen hören langsam auf.

Man hat es nicht mehr nötig, einen anderen für das eigene Unglück verantwortlich zu machen; weder die Eltern noch den Partner, noch die Kollegen, noch den Chef. Man kann seine Umgebung nicht ändern, aber eine geänderte Einstellung, die die Angst reduziert, kann eine enorme Erleichterung darstellen. Man sieht also, dass die positive Grundlebenseinstellung nicht nur Grundlage einer spirituellen Entwicklung ist, sondern als Nebeneffekt zur Gesundheit an Körper und Seele verhilft.

Positive und negative Gefühle

Wenn in der Psychologie über Gefühle geschrieben oder gesprochen wird, dann werden Ausdrücke wie „positiv" und „negativ" bewusst vermieden. Alles ist neutral, negative Gefühle gibt es nicht.

Während eines Seminars, bei dem es vor allem um Gefühle in der Partnerschaft ging, habe ich folgende Erfahrung gemacht: In den Vorträgen wurde die o. a. Hypothese vertreten, dass bei Gefühlen Wertungen unzulässig sind. Dieselben Personen, die in der Theorie diese Aussagen machten, verhielten sich beim praktischen Teil, wenn sie über ihre eigenen Erlebnisse sprachen, ganz anders. Da wurde häufig von negativen Gefühlen gesprochen, doch keinem der Teilnehmer fiel dieser Widerspruch auf.

Wie können wir diesen Widerspruch, der uns häufig begegnet, erklären? Sind alle Gefühle neutral? Oder gibt es in uns doch eine wertende Instanz, die ohne weiteres eine Berechtigung zu dieser Wertung hat?

Der systemische Ansatz

Bei der Feststellung von Bewertungen eines Gefühls kommt es auf den Betrachtungsstandpunkt bzw. den Beziehungspunkt an, von dem aus ich das in Frage stehende Gefühl beobachte.

Bei den negativen Gefühlen unterscheide ich zwischen:
- aktiven negativen Gefühlen wie *Aggression,*
- passiven negativen Gefühlen wie *Angst.*

Wir wissen aus der Beobachtung von Tieren in ihrem natürlichen Biotop, dass Aggression und Angst die Selbsterhaltung des Individuums sichern. Sie sind sozusagen die Grundenergien für die Selbst- und Lebenserhaltung des individuellen Systems. Daher sind diese beiden Gefühle auf dem Ich-Niveau lebenserhaltend. So gesehen können sie daher keinesfalls – vor allem vom betroffenen Individuum her – als negativ eingestuft werden. Wenn wir nämlich Angst haben, funktioniert unsere Wahrnehmung besser, sind wir prinzipiell vorsichtiger, reagieren auf Außenreize viel wacher und schneller, als wenn wir uns in Sicherheit wiegen.
Ganz anders sieht die Sache aber aus, wenn sich als Betrachtungspunkt nicht der Aggressor, sondern das Opfer – das Ziel der aggressiven Handlungen – darstellt. Hier stehen nicht so wie auf dem Ich-Niveau das eigene Überleben, das Sich-Abgrenzen, die Ausweitung der eigenen eingeengten Möglichkeiten im Vordergrund, sondern vor allem die Angst vor Verletzung. Dies kann zu einer Gegenaggression führen.
Die Verletzung des Opfers wird vom Aggressor oft nur dumpf und unbestimmt wahrgenommen und führt teilweise zu unbewussten Schuldgefühlen, die das Aggressionspotential noch steigern, d. h. den Aggressor in eine negative Spirale reißen können. Mir fällt oft in Gruppenprozessen auf, dass sehr aggressive Teilnehmer die Verletzung, die sie anderen zufügen, gar nicht wahrnehmen, also die Wirkung ihrer Handlung nicht abschätzen können. Eine Spiegelung ihrer Handlungen durch Sichtbarmachung der Reaktion des Opfers macht die vorher unbewussten und weggeschobenen Schuldgefühle jedoch schlagartig bewusst.
In einem sehr intensiven Training verletzte eine Frau mittleren Alters, die sich selbst als sehr religiös einstufte, ständig einen sehr sensiblen, eher weichen Mann, der auch gegenüber seiner Partnerin nicht fähig war, sich zu wehren, zu schützen, abzugrenzen. Bei einer

dieser Aktionen forderte ich das „männliche Opfer" auf, seine Gefühle und Reaktionen zu äußern. Er konnte das nur sehr schemenhaft, und die Teilnehmerin bekam keine klare Rückmeldung. Ein Mechanismus, den wir oftmals bei Paaren in destruktiver Verstrickung erleben. Ich selbst versuchte nun, die Gefühle des Mannes, die ich spürte, zu äußern, und fragte immer wieder nach, ob ich richtig liege. Durch die Klarheit der Ausdrucksweise erkannte die Teilnehmerin zum ersten Mal, was sie mit ihrem unreflektierten Herumschlagen im anderen auslöste, und war erschüttert. Sie konnte dann den nächsten Schritt selbst machen und sich ansehen, warum gerade weiche und emotionale Männer bei ihr die Tendenz zum Schlagen und Verletzen auslösen.

Das, was auf dem Ich-Niveau als Befreiung und Schutz erlebt wird, kann auf dem Du-Niveau als Bedrohung aufgefasst werden. Auf dem Du- oder Beziehungsniveau werden also Aggressionen für beide Beteiligte als negativ erlebt, wenngleich der Aggressor durch den Abbau des Gefühlspotentials kurzfristig eine Entlastung und Befreiung erlebt, doch das Problem, das zu diesen Gefühlen führt, dadurch nicht gelöst wird.

Daher wäre es aus therapeutischer Sicht wichtig, darauf zu achten, Aggressionspotentiale vorerst nur auf dem Ich-Niveau und nicht auf dem Beziehungsniveau entladen zu lassen, etwa die Aggressionsenergie in Muskelenergie umzusetzen (Sport betreiben, laufen, Holz hacken, austoben). Erst wenn der Betreffende gelernt hat, mit seiner eigenen Aggression dosiert umzugehen und sie schließlich als positiv erlebte Möglichkeit seiner Abgrenzung in seine Gesamtpersönlichkeit integrieren kann, wird er sie sinnvoll in der Interaktion mit anderen verwenden.

Es gibt genügend Möglichkeiten, das drückende Aggressionspotential, das als zerstörerisch und gefährlich erlebt wird, nicht zu verdrängen, sondern sinnvoll zu entladen.

- Entladung von Spannungsenergie durch Sport und schwere körperliche Arbeit
- Entladung im kreativen Prozess durch Zeichnen, Malen, Tonformen

- durch Schreiben und somit Formulierung des Gefühles (Schreiben von Briefen, die nicht abgeschickt werden)
- aber auch durch meditatives Geschehen

Wenn ein Mensch sehr starke Aggressionen erlebt, dann hat er oft ganz tief in seinem Inneren das Gefühl, ein kosmisches Grundgesetz zu verletzen. Dieses Gesetz wird auch von schwer psychisch gestörten und entwicklungsgehemmten Personen als „gut sein", „für andere da sein" schemenhaft formuliert. Im *Yoga* wird dies viel präziser ausgedrückt und sogar immer wieder meditativ und praktisch geübt und als das *kosmische Grundgesetz der allumfassenden Liebe* beschrieben. Daher ist auch eine der Übungen, die als Vorbedingung für das Yoga angesehen wird, das *Ahimsa*, was mit *Nichtschädigen* übersetzt werden kann. Yoga geht in den Verhaltens- und Einstellungsvorschriften noch weiter, indem es Enthaltsamkeit und die Lösung vom gierigen Willen empfiehlt. (Hofmann, W. A., „Zu den Tiefen der Seele". Eine Yogaschule, Villach 1949).
Die Vorschrift, vorwiegend positive Gefühle zuzulassen, beinhaltet aber nicht, dass man negativ erlebte Gefühle unterdrückt. Es heißt auch nicht: Lebe sie aus oder lebe sie nicht aus, sondern lebe so, dass sie gar nicht entstehen können. Die für uns als negativ erlebten Gefühle entstehen ja oft durch Situationen, die Angst, Hilflosigkeit, ohnmächtige Wut, Trauer, Schmerz auslösen. Man fühlt sich bedroht von der Umwelt oder einem einzelnen Menschen; und das führt oft genug zur Reaktion des „Rundumschlags", zu unkontrollierten aggressiven Handlungen, die aus der Panik heraus entstehen, aber nicht zur Verbesserung der Situation führen. Alle spirituellen Schulen geben uns daher Hilfen, diese uns so ängstigenden Gefühle zu reduzieren, das Gefühl der Geborgenheit, des Geborgenseins in den höheren Mächten zu stärken. Dadurch können die negativen Gefühle gar nicht erst aufkommen.
Tun sie es doch, versucht man in der meditativen Versenkung Abstand zu ihnen zu gewinnen und durch Analyse herauszubekommen, wodurch sie entstanden sind. Der nächste Schritt ist es, den Auslöser zu umgehen oder zu entfernen. Wenn dies nicht möglich

ist, muss man sich mit der Situation, so wie sie ist, abfinden und hat die Aufgabe, die nicht veränderbare, bedrückende Situation zu akzeptieren. Werden aber trotzdem starke negative Gefühle hervorgerufen, die nicht mehr bewältigbar sind (wie z. B. bei Mobbing), ist man angeregt, die Situation zu verlassen und einen günstigeren Lebensraum zu suchen.

Auch in der neuesten Stress- und Krebsforschung zeigt sich immer wieder, dass die sog. positiven Gefühle auf unser Immunsystem eine ganz andere Wirkung haben als negative und uns daher gegen Krankheitserreger immunisieren. Gedankenmuster und Gefühle bedingen einander. Gefühle werden durch sog. Auslöserreize hervorgerufen, die oft ganz neutral sein können, für den einen Menschen aber eine ganz andere Bedeutung als für den anderen haben. Wenn eine laute männliche Stimme oder ein bestimmter Tonfall den Menschen an den eigenen Vater und seine Brutalität erinnert, vor der er immer Angst hatte, so wird jeder Mann, der diesen Tonfall nur annähernd produziert, bei demjenigen Angstreaktionen auslösen. Es kann dies der Chef sein, ein Kollege oder aber auch der eigene Partner.

Oft ist uns der Zusammenhang zwischen Abneigung von Menschen und Auslöser gar nicht bewusst. Wenn diese Zusammenhänge jedoch aufgedeckt werden, kann der Mensch zur Erkenntnis kommen, dass er sich nicht mehr wie ein kleines Kind vor seinem Vater fürchten muss und damit auch nicht auf die auslösenden Reize reagiert. Solche Reiz-Reaktions-Koppelungen werden z. B. im NLP *(Neurolinguistischen Programmieren)* entkoppelt. Es gibt also psychologische Methoden, die zwanghaften, uns zusetzenden Reaktionen los zu werden. Wir sind ihnen nicht hilflos ausgeliefert, auch wenn wir das meinen.

Dabei kann die *Meditation* wieder einen wichtigen und großen Beitrag leisten. Haben wir jahrelang negative Gefühle, die wir nicht akzeptieren können –, wie Angst oder Hass gegenüber den Eltern oder auch gegenüber den eigenen Kindern – unterdrückt, so können diese Gefühle in der Meditation zum Ausbruch kommen. In unseren Kursen passiert es immer wieder, dass jemand in einer Meditation anfängt zu weinen, zu stöhnen, Aggression zu äußern. Das ist prinzipiell positiv, da alles, was wir in uns verschließen, zu einer destruktiven Dynamik beiträgt. Wut, die wir nicht kennen und akzeptieren, wird unbewusst und oft viel verletzender als bewusste Aggression ausgelebt. Außerdem wird sie unter Verschluss immer stärker und dringlicher.

Was uns daran aber so verwirrt, ist, dass wir nicht wissen, woher sie kommt und warum wir sie haben. Wir fühlen uns schuldig, ohne zu wissen, warum. Wenn die Gefühle jedoch klar vor uns liegen, sollten wir weder uns verurteilen noch diejenigen, die diese Gefühle ausgelöst haben, sondern vielmehr nachspüren, wie es zu diesen Erscheinungen kommt. Gefühle sind für mich Wellen auf einem großen Meer, und wir müssen nachsehen, woher der Wind weht, und weder die Wellen unterdrücken noch sie be- oder verurteilen. Es geht also darum, das negativ erlebte Gefühl genau anzusehen, zu diagnostizieren, wodurch und wann es entsteht, und dementsprechende Maßnahmen zu setzen, damit ihr Entstehen verhindert wird. Gefühle sind Wegweiser auf unserem Entwicklungsweg, weiter nichts. Diese Wegweiser müssen wir aber unbedingt beachten.

Wenn alle Heiligen und auch Weisen aller Religionen immer wieder schreiben, man solle sich vor negativen Gefühlen hüten, dann meinen sie nicht, dass man sie unterdrückt, sondern ihnen nicht nachhängt. Es wäre schädlich für Körper und Seele, Gefühle wie Hass, Neid, Eifersucht oder Hilflosigkeit zu pflegen und in ihnen zu versinken. Wenn diese Gefühle auftauchen, ist es wichtig, Maßnahmen zu ihrem Verschwinden zu ergreifen. Dies verlangt schon unsere *Seelenhygiene*, nicht nur spirituelle Vorschriften.

> „Zu den Faktoren, die bei einem Menschen das Risiko, zum Beispiel an Krebs zu erkranken, steigern, gehört die Unfähigkeit, mit Emotionen umzugehen. Entweder werden sie unterdrückt, wie es bei der Wut oft der Fall ist, oder hemmungslos ausgelebt, oder man streitet ab, überhaupt welche zu haben." Das schreibt Kabat-Zinn in seinem Buch „Gesund durch Meditation" (S. 181).

Und an anderer Stelle:

> „Viel wichtiger ist nun, die Selbstheilungskräfte zu aktivieren. Wir wissen, dass positive Emotionen die Heilung fördern. So kann sogar eine auf Krebs lautende Diagnose zu einem Wendepunkt im Leben eines Menschen werden, zu einer Zeit der Selbstbegegnung, in der er lernt, eine optimistische, integrierte Sicht zu entwickeln, sich selbst zu vertrauen, den Geist bewusst zu beobachten und mit negativen Bewusstseinszuständen konstruktiv umzugehen.
> Es ist eine Arbeit, die man in seinem ureigensten Interesse tut, denn in unzähligen Untersuchungen wurde nachgewiesen, dass sowohl ständig unterdrückte als auch zum Ausdruck gebrachte Wut, Feindseligkeit und Zynismus hauptverantwortliche Faktoren für Krebs, Hypertonie und Erkrankungen der Herzkranzgefäße sind" (S. 183).

Was wir bewusst pflegen sollten, sind die Zustände, die wir als positiv erleben; Gefühle wie Freude, Stolz, aber auch Dankbarkeit, Ruhe, Liebe und Geliebtwerden. Es zeigt sich, dass diese Energien, die zu unserem Wohlbefinden beitragen, auch hinsichtlich unserer Gesundheit einen großen Stellenwert haben. Wer z. B. täglich ein Haustier streichelt, kann sicher sein, dass dies seinen Blutdruck stabilisiert und ihn gemütsmäßig aufhellt.

Dazu der Arzt *Kabat-Zinn:*

> „Menschliche Zuwendung hat nachgewiesenermaßen eine beruhigende, stabilisierende Wirkung auf die Herztätigkeit, und sogar die ständige Anwesenheit eines Haustieres kann den Blutdruck von ‚Herrchen' beziehungsweise ‚Frauchen' senken. Zusammenfassend lässt sich also sagen, dass unsere physische Gesundheit aufs Engste mit unseren Denk- und Verhaltensmustern, mit unserem Selbstverständnis, ja sogar mit der Qualität unserer zwischenmenschlichen Beziehungen verknüpft ist. Bestimmte Denkweisen und Gemütszustände machen uns nachweislich anfälliger für Krankheit.

> Dazu gehören Hoffnungslosigkeit und Hilflosigkeit, Feindseligkeit und Zynismus; mangelnde Begeisterungsfähigkeit; Angst vor Herausforderungen; die Unfähigkeit, Gefühle angemessen auszudrücken, und nicht zuletzt die Einsamkeit in ihren verschiedenen Spielarten" (S. 184).

Es geht bei der Bearbeitung der negativen Gefühle darum, herauszufinden, wie und wann sie entstehen und wie sich das negative Energiepotential auflösen lässt, das dem Menschen den Großteil seiner Lebenskraft und Freude nimmt. Besonders gefährdet sind Menschen mit sehr hohen Idealen. Wenn unser Über-Ich uns ein „Über-Menschenbild" vorgaukelt, dem wir nachstreben, wenn wir dann noch die Anweisungen, nicht negativ fühlen zu dürfen, befolgen, kann es passieren, dass wir alles verdrängen, was nicht in dieses hehre Bild von uns selbst passt. Unsere Seele hat aber außer Verdrängung noch andere Möglichkeiten, um mit Gefühlen, die von uns nicht akzeptiert werden, fertig zu werden. Anna Freud zählt in ihrem 1936 erschienenen Buch „Das Ich und die Abwehrmechanismen" neun solcher Mechanismen auf.
Man kann zum Beispiel ein negatives Gefühl auch in sein Gegenteil verkehren; ein Prozess, der uns sicherlich wohl vertraut ist, wenn auch nur in geringem Ausmaß. Wenn wir einem Menschen begegnen, der uns innerlich widerstrebt, den wir „nicht riechen können", den wir nicht mögen, versuchen wir dies vor ihm und vor uns selbst zu verbergen. Wir sind gerade zu Menschen, die wir nicht mögen, dann besonders freundlich; wir können uns besonders schlecht abgrenzen und sind leicht erpressbar: So ist auch das Phänomen zu erklären, daß in religiös orientierten Kreisen so viel unnatürliche Freundlichkeit herrscht, die wir als falsch und süßlich einstufen. Bei eher als unmoralisch geltenden Menschen, die gewohnt sind, klar und hart herauszusagen, was sie meinen, die zu ihrer eigenen Brutalität stehen, die ihre Schatten sowie ihre hellen Seiten akzeptieren, passiert dies viel weniger. Daher ist oftmals in Kreisen, die nicht so moralisch hochstehend sind, eine viel natürlichere und freiere Atmosphäre zu finden als in sogenannten Kreisen mit hoher Moral.

Bei positiven und negativen Gefühlen ist ein wichtiger Grundsatz, sich selbst gegenüber wahrhaftig zu sein, sich nichts vorzumachen, nichts zu unterdrücken, nicht zu werten. Eine Quelle dieser Gefühle kann in der Kindheit liegen. Hatten wir einen Elternteil, der Angst in uns auslöste und durch besonders einengendes, kontrollierendes Verhalten auch Hass in uns hervorrief, so versuchen wir als Kind, diese aufwallenden Gefühle in uns niederzudrücken. Wir erleben uns als ausgelieferte Wesen; wir glauben, unser Leben sei bedroht, wenn wir jene Person, die unser Leben in der Hand hat, nicht mehr lieben, und vor allem von ihr nicht geliebt werden. Kinder, die besonders gefügig, freundlich und handzahm sind, ringen oft alle negativen Impulse in sich nieder.

Es sind Menschen, die in ihrer Kindheit sowohl die Situation des Mangels an Liebe, Zärtlichkeit, Geborgenheit erlebt haben als auch die Angst vor Verletzung zu spüren bekommen haben. Ihre Lebensstrategie ist es, lieb zu sein, gefügig, mit Leistung die Liebe der Eltern zu erringen, immer hoffend, dass ihre selbst vernachlässigten und daher liebensunfähigen Eltern ihnen doch geben, was sie zu ihrer Entwicklung brauchen. Sie lassen ein Leben lang nicht von dieser Illusion. Sie meinen, den tiefen Schmerz nicht ertragen und der Tatsache, dass sie nicht in der von ihnen erhofften Weise geliebt werden, nicht ins Auge sehen zu können. Sie haben Wut auf diejenigen, die ihnen – ihrer Meinung nach – das Wichtigste im Leben schuldig geblieben sind.

In der Meditation werden nun durch die Entspannung die jahrelang unten gehaltenen Gefühle langsam hochgeschwemmt. Es kommen Trauer, Schmerz, Angst und/oder Aggressionen hoch. Dadurch, dass sie gefühlt werden, kann man auch den Weg zurückverfolgen, wann und wie sie entstanden sind. Außerdem sind durch die hochsteigenden Bilder auch immer Hinweise auf die Entstehungssituation gegeben. Der Prozess der Aufarbeitung ist aber ein psychotherapeutischer Vorgang, den ich als Vorarbeit für spirituelle Entwicklung unbedingt für notwendig erachte.

Das Ablassen von der Illusion, die Eltern mögen sich ändern, bedeutet einen starken Schmerz. Das Durchgehen durch diesen Schmerz, die Akzeptanz des Nichterhaltens wirkt sich aber befreiend aus. Der Mensch, der sich auf diese Weise befreit hat, kann nun versuchen, in seiner realen Umgebung sich bietende Gelegenheiten zu ergreifen, um Zuwendung, Akzeptanz und Liebe zu erhalten. Er wird im Realen vielleicht nie das bekommen, was er sich in seinen Illusionen erträumt hat, doch er wird handfeste Seelennahrung erhalten und befriedigende Beziehungen, fruchtbare Freundschaften gestalten können. Genau das kann er aber nicht, wenn er in seinem negativen Gefühlskerker gefangen ist.

Er läuft einer Illusion nach und kann die realen Möglichkeiten um sich herum gar nicht sehen und somit auch nicht ergreifen. Erst, wenn er imstande ist, von seinen verführerischen psychischen Illusionen zu lassen, wird er frei für die realen Möglichkeiten. Oftmals wird ja die Sehnsucht, die Menschen gegenüber ihren Eltern hegen, dann auf den Lebenspartner übertragen, was aber der Partnerschaft nicht zuträglich ist. Denn die Übererwartungen gegenüber dem Partner, der einem das Paradies, vor allem das Elternparadies geben soll, erweisen sich als größtes Hindernis bei modernen Partnerschaften. Ist man aber imstande, diesen Akt des Verzichtes zu leisten, dann ist es, als ob man einen Schalter umlegt. Was einen bisher bedrückt und gefesselt hat, fällt von einem ab, gibt einen frei. Die Freiheit des Menschen hat also mit Wahrhaftigkeit sich selbst und den anderen gegenüber zu tun.

Im Hier und Jetzt leben

Eine weitere Vorschrift, die man ebenfalls in unterschiedlicher Gewichtung in allen Religionssystemen vorfindet, ist das Leben in der totalen Gegenwart. Es geht darum, nicht in die Vergangenheit zu schielen, weder im Guten noch im Schlechten. Ich merkte oft bei langandauernden Psychotherapien, dass Menschen nur mehr in der Vergangenheit mit all ihren Gedanken und Gefühlen verhaftet sind.

Es ist wie ein Sog, der sie nach hinten zieht und nicht mehr loslässt. So wichtig, gut und nützlich diese Techniken des Aufarbeitens unserer alten Muster sind, einmal muss Schluss damit sein. Man kann nicht immer nur zurückschauen, sondern muss sich dem Augenblick stellen, mit allen Konsequenzen.

Es gibt wenige Menschen, die imstande sind, den Forderungen im Hier und Jetzt zu leben, wirklich nachzukommen. Junge Menschen leben gerne in der Zukunft, vor allem, wenn sie schlecht mit der gegenwärtigen Situation zurechtkommen. Sie träumen Zukunftsträume: „Wenn ich erst einmal 18 Jahre bin, selbstständig bin, eine eigene Wohnung habe, einen guten Job und einen idealen Partner ..." Sie übersehen dabei die sich ihnen gegenwärtig bietenden Gelegenheiten, die sie nicht nützen können, weil sie einer illusionären Zukunft verhaftet sind. Sie hoffen auf ein zukünftiges Glück, das ihnen in den Schoß fällt, ohne dass sie etwas machen müssen. Sie merken nicht, dass das Leben aus gegenwärtigen Chancen besteht, die genutzt werden müssen, damit zukünftige Besserstellung überhaupt möglich ist. Wenn man ausschließlich in Zukunftsträumen verhaftet bleibt, versäumt man das Leben.

Wir nennen das dann „Midlife-Crisis", wo die unerfüllten Hoffnungen uns überfallen, wo wir merken: Wir haben gar nicht mehr eine so großartige Zukunft vor uns, wie wir sie uns ausgemalt haben. Dann fallen wir unvermutet in die Überhöhung der Vergangenheit. Die Vergangenheit erscheint plötzlich rosig, wir denken an all die schönen Dingen, die wir erlebt haben.

Ich gehe einmal jährlich einige Tage – meist vor Weihnachten – zu strengem Fasten und Meditieren in ein Frauenkloster in Niederösterreich. Da ich im Gästehaus der Nonnen aufgenommen werde, komme ich fast jedes Jahr mit den gleichen alten Menschen, meist Frauen, zusammen, die ihre Weihnachtszeit dort verbringen, weil sie keine Angehörigen mehr haben, die mit ihnen das Fest feiern, oder aber weil die Angehörigen nicht bereit sind, sie mehr als ein paar Tage bei sich aufzunehmen. Dort bekomme ich Anschauungsunterricht in „Nicht-in-der-Gegenwart"-Leben.

Diese alten Frauen zwischen 75 und 95 Jahren haben keine Zukunft mehr vor sich. Sie können sich nicht mehr einreden, dass etwas Großartiges auf sie wartet. Sie warten nur mehr auf den Tod. Und da sie sich mit diesem Thema aber nicht aktiv beschäftigen, macht ihnen das eher Angst. Daher leben sie alle in der Vergangenheit. Wenn ich mich zu jeder Einzelnen setze, dann höre ich von jeder immer wieder dieselbe Lebens- und Leidensgeschichte; etwa wie der 36-jährige Sohn gestorben ist und die Ärzte daran schuld sind. Diese Frau merkte nicht, dass sie sich eigentlich von diesem Sohn nie gelöst hat, dass er mit 36 Jahren noch immer zu Hause lebte und keine Partnerin hatte. Es fällt dieser Frau auch nicht auf, dass sie der Tod ihres Mannes, der auch schon einige Jahre her ist, fast nicht berührte. Sie zerbricht an der nicht bewältigten Vergangenheit, an dem nicht verarbeiteten Verlust, was sich natürlich auch massiv körperlich auswirkt. Sie verfällt zusehends. Sie ist aber nicht imstande, die Gegenwart und die Möglichkeiten ihres Leben, des Genießens, des Helfens zu sehen, weil ihr Blick getrübt ist durch dieses traumatische Ereignis in der Vergangenheit, das ihr das noch verbliebene Leben vergiftet – und das schon seit Jahren.

Auch wir leben oft nicht in der Gegenwart, sondern entweder in der Zukunft, schielen aufs Wochenende, statt dass wir die Gelegenheiten des Mittwochs voll ausschöpfen. Wir leben am Morgen schon den Abend, wo wir endlich vom Büro, unserer Arbeitsstätte daheim beim Fernsehen sind, wo wir Freunde besuchen, unseren Hobbys nachgehen. Wir leben in dem illusionären Raum einer angenehmen und heilen Welt, der uns aber immer wieder enttäuscht. So sehr wir schon im Urlaub leben, diesen herbeisehnen, enttäuscht uns dann die Realität der Gegenwart, dass alles nicht so herrlich ist, wie wir es uns vorgestellt haben.

Nicht umsonst ist vor allem nach Urlauben und Feiertagen die Tendenz, sich scheiden zu lassen, sich vom Partner zu trennen, so groß und sind die Praxen der Berater und Psychotherapeuten überlaufen. Ich glaube, wir sollten recht bald damit anfangen, den Augenblick, das Hier und Jetzt, mit voller Konzentration zu leben. Sich den kleinen Anforderungen des Alltags zu stellen, dem schmutzigen Boden in der Küche, der uns bittet, ihn zu reinigen, den trockenen Pflanzen im Wohnzimmer, die nach Wasser rufen, den Augen des Nachbarn, der uns etwas erzählen will, weil er einsam ist.

Im Anhang habe ich das Märchen der *Frau Holle* interpretiert, der

Weg einer gelungenen und misslungenen spirituellen Entwicklung. Und da können wir bei der Goldmarie erkennen, dass sie ganz einfach die simplen Anforderungen des Alltags positiv beantwortet. Sie schüttelt den Apfelbaum, als dieser sie darum bittet; sie nimmt das gebackene Brot aus dem Ofen, als es gar ist; sie schüttelt die Kissen, als Frau Holle – ihre spirituelle Meisterin – sie darum bittet. Die Pechmarie hingegen will die Erleuchtung, will das Angenehme, ohne die tägliche nüchterne Pflicht zu tun. In der Gegenwart leben bedeutet, in den kleinen Dingen treu und diszipliniert sein.

Wenn wir uns der Gegenwart, dem Hier und Jetzt stellen, werden wir merken, dass unser Leben mehr Tiefe bekommt. Außerdem dehnt sich sozusagen die Zeit aus. Wir leben nicht mehr an der Zeit vorbei, indem wir in der Zukunft oder in Vergangenheitsträumen verhaftet sind, sondern sind voll da, voll bewusst, voll bereit. Wir erleben auf diese Weise die Jahreszeiten viel intensiver, wir unterscheiden nicht mehr so sehr zwischen Arbeit und Freizeit, wichtigen und unwichtigen Tätigkeiten, sondern beides bekommt eine recht ähnliche Bedeutung. Denn es ist nicht mehr bedeutsam, was wir tun, sondern *wie* wir es tun. Es wird wichtiger, eine Handlung – ganz gleich, was es ist – korrekt durchzuführen, als ständig auf das eigene gute Gefühl und die Befriedigung zu achten. Unser Bedeutungswahn fällt langsam von uns ab, und wir bekommen durch die konzentrierte Hingabe an die Dinge, die notwendig sind: Konzentration, Stärke und Disziplin.

Wenn leidende Menschen zu mir kommen, versuche ich abzuklären, welchen Illusionen sie nachhängen, wo die schillernden Seifenblasen ihrer Träume versteckt sind. Ich rege sie dazu an, diese aufzustechen, nicht mehr irrealen Wünschen und Träumen nachzulaufen, die sie nur immer wieder frustrieren. Ich denke manchmal, wenn wir einen persönlichen Versucher haben, dann ist er es, der uns diese schillernden Nichtse vorgaukelt, um uns nachher auszulachen, sich über unsere Enttäuschung und den Schmerz lustig zu machen. Wenn wir aber imstande sind, die Träume aufzugeben, ganz gleich, ob sie in die Zukunft oder in die Vergangenheit reichen, und wenn wir lernen, das Hier und Jetzt voll anzunehmen, die eige-

nen Fähigkeiten und Möglichkeiten – ganz gleich, ob wir sie als „gut oder schlecht" erleben – voll zu akzeptieren und nicht glauben, es kommen andere Gelegenheiten, die uns ohne Anstrengung zu den Sternen fliegen lassen, dann tut das sehr weh.
Es ist für viele Menschen oft einfacher, wenn ein geliebter Mensch stirbt, als wenn eine Illusion stirbt. Die meisten Menschen haben das Gefühl, ohne ihre Illusionen hätte ihr Leben keinen Glanz und Schimmer mehr. Und diesem irrlichternden Glanz laufen sie ein Leben lang nach. Das Aufgeben des Glanzes fällt uns allen sehr, sehr schwer. Das Sterbenlassen der Illusion ist eines der schwierigsten Dinge in unserem Leben. Aber genau das gibt uns echte Freiheit.
Auch *Kabat-Zinn* weiß um die Bedeutung der Achtsamkeit im Alltag und der Konzentration auf den Augenblick und nimmt in seiner Stressklinik darauf Rücksicht:

> „Sie brauchen den Abwasch nicht unbedingt schnell und irgendwie hinter sich zu bringen, um endlich Zeit für die anderen, wichtigeren und interessanteren Dinge des Lebens zu haben, weil eben jener Moment, in dem Sie den Abwasch erledigen, Ihr Leben ist. Das Jetzt, dieser Augenblick, ist Ihr Leben, diese Minute, dieser Tag, nicht der morgige. Wir vergeuden unendlich viel kostbare Zeit, wenn wir nicht begreifen, dass unser Leben aus den unzähligen Augenblicken des Jetzt besteht, denen wir unsere Aufmerksamkeit schenken müssen, anstatt in Gedanken immer woanders zu sein" (S. 125).

Dies ist ein Prinzip, das im Zentrum des *Zen* steht und mit aller Intensität im Alltag geübt wird: Bleibe beim Augenblick, mit deinen Gedanken, deinen Gefühlen, deiner ganzen Konzentration. Dann wird das Leben tief, reich und bekommt Fülle. Wir erleben unser Leben oft als flach, weil wir entweder mit unseren Gedanken und unserer Aufmerksamkeit in der Zukunft sind; oder aber wir vergeuden kostbare Kräfte damit, in den Kisten der Vergangenheit zu wühlen. Jetzt, dieser Moment, das ist mein Leben, nur diesen kann ich formen; nicht aber die Vergangenheit, die ich nicht mehr

verändern kann, und auch nicht die Zukunft, die ich noch gar nicht kenne. Durch die Konzentration auf das Hier und Jetzt aber kann ich in die Zukunft in einer Weise hineinwirken, wie ich es mir eigentlich immer erträume. Es gibt keinen Augenblick in unserem Leben, der durch dieses Achtsamkeit im Hier und Jetzt nicht reicher, lebendiger und wirklicher wird.
Kabat-Zinn gibt seinen Schmerz- und Krebspatienten genaue Anweisung für diese Übung und verpflichtet sie zu Folgendem:

> „Schon fünf oder zehn Minuten täglicher Achtsamkeitsübung verfehlen nicht ihre heilende, belebende Wirkung. Aber wie zu Anfang bereits erwähnt, verpflichten sich unsere Patienten dazu, sechs Tage in der Woche wenigstens eine Dreiviertelstunde täglich zu meditieren, und das acht Wochen lang" (S. 129).

Leerwerden

Eine andere Forderung, die uns in vielen mystischen Schriften begegnet, ist jene des völligen Leerwerdens. Gemeint ist, dass wir die eigenen Gedanken, Wünsche, Gefühle und Strebungen hinter uns lassen. So wie man ein Gefäß ausleert, damit man es mit Gutem füllen kann, stelle man sich vor, dass unser Wesen vom Eigenen leer wird, damit es mit dem Göttlichen gefüllt werden kann. Ist ein Gefäß voll, kann man es nicht füllen. Ist ein Mensch von seinen eigenen Vorstellungen beherrscht, kann er die leisen Stimmen und Impulse in seinem Inneren gar nicht wahrnehmen. Intuition ist dann nur schwer möglich, weil die eigenen Bilder von der Welt, wie die Dinge zu sein haben, den Blick für das Wesentliche verstellen.
In der Meditation wird dieses Leerwerden geübt, indem man die Gedanken, die ja ständig in unserem Kopf kreisen, hinter sich lässt; indem man übt, wenigstens für einige Augenblicke während der Meditation *nichts* mehr zu denken. Das sagt sich so einfach, ist aber wahrscheinlich eine der schwierigsten Übungen überhaupt. Dazu gibt es in fast allen spirituellen Schulen detaillierte Anweisungen, wie das zu geschehen hat. Die *Zen-Meister* weisen immer wieder

darauf hin, dass wir die Gedanken, die aufsteigen, nicht unterdrücken sollen, sondern ihnen nachblicken, als ob es fliegende Pferde wären.

Wir merken ja gar nicht, dass wir ständig von unseren Gedanken überfallen werden. Es denkt ständig in uns: „Was kaufe ich morgen ein? Was soll ich kochen? Wenn ich den Maier treffe, wie wird das Gespräch sein?“ Wir stellen uns dann Situationen in der Zukunft vor, wie es sein wird, wie unsere Stellung dabei sein wird, wie gut wir aussteigen werden. Oder aber wir gehen Situationen in der Vergangenheit immer und immer wieder durch; wie wir geehrt wurden, wie wir uns profiliert haben; alles Dinge, die unserem Narzissmus schmeicheln. Ich habe diesen Vorgang erstmals intensiv bei meiner Mutter erlebt, sie war damals schon über 70 Jahre alt und hatte bei einer Geburtstagsfeier meines Mannes ihre typischen Gstanzerln und Gedichte vorgetragen. Die Feier fand im ländlichen Raum statt, und sie erntete von unseren Nachbarn und den Gästen sehr großen Applaus. Sie war eine solche Zuwendung nicht mehr gewohnt, da sie in den letzten Jahren vor allem im Haushalt tätig war. Dieses Erfolgserlebnis beschäftigte sie so stark, dass sie noch tagelang zu sich selbst in ihrem Zimmer sprach, immer wieder die Gedichte hersagte und sich die erlebten Ovationen wieder ins Gedächtnis rief.

Oder aber wir denken ständig an Szenen, wo unser Ich Dellen erhalten hat, wo wir uns blamiert haben, wir ungerecht behandelt wurden. Wir denken uns dann die Szene um, wie wir reagiert hätten, wie wir den anderen zurechtgewiesen hätten. Jedenfalls läuft das Rad unserer Gedanken ständig in unserem Inneren ab und lässt uns keine einzige freie Sekunde. Wir werden sozusagen beherrscht vom „Lärm im Kopf“, ohne es zu merken.

Dieser Lärm im Kopf ist aber abhängig von dem, was uns im Herzen – bewusst oder unbewusst – wichtig ist. Wenn wir uns sehr hilflos, ausgeliefert und bedroht fühlen, und das lange Zeit hindurch, führt das zu einer Störung unserer Psyche. Die Gedanken, die diese Menschen produzieren, sind durchwegs negativ. Sie sind voll von Aggressionen. Es wundert uns oft, wenn wir von liebenswürdigen

Menschen hören, die einfach durchgedreht haben, die sich in unerwarteter Weise unmöglich benommen oder sich vielleicht sogar umgebracht haben. Da sind lange Perioden negativer Gefühle und ausgefeilter negativer Vorstellungen, Phantasien und Gedanken vorangegangen. Mit der Übung des Leerwerdens jedoch können wir diese Gedankenkreise, die für manche Menschen oft schon zwanghaft sind, abschneiden und auslaufen lassen.

Dabei geht man folgendermaßen vor: Man setzt sich in seiner Meditationshaltung hin, beobachtet seinen Atem und versucht, Abstand zu seinen Gedanken zu bekommen, sie von außen anzusehen. Natürlich bleiben uns diese nicht vom Leibe, nur weil wir uns entschlossen haben, leer zu werden. Sie überfallen uns wie immer, auch die dümmsten und sinnlosesten. Doch wir dürfen sie nicht unterdrücken noch wegschieben; wir sollen einfach da sein und sie vor uns vorüberziehen lassen, eben wie „fliegende Pferde". Die Gedankendynamik läuft sich dann leer und wird immer langsamer, bis wir ganz kurze Momente des Nichtdenkens erleben, die sich heilsam und reinigend auswirken. Plötzlich sind wir einfach nur mehr da, nehmen uns selbst und unsere Gedanken nicht mehr so wichtig, spüren nur mehr unsere Anwesenheit im Hier und Jetzt.

Nur dürfen wir diesen Zustand nicht reflektieren, sonst sind wir wieder in unserer Gedankenschleife. Mit der Zeit aber und mit fleißigem Üben können wir diese kleinen Momente immer mehr ausdehnen. Wir bekommen zu unseren Gedankenketten eine ganz andere, distanziertere Beziehung. Wir sind nicht mehr in den Gedanken drinnen, sondern betrachten sie von außen, können ihre Spur zu unseren Wünschen und Gefühlen zurückverfolgen. Wir sehen dann auch die Sinnlosigkeit und Bedeutungslosigkeit vieler unserer Gedanken, die allein den Sinn haben, unseren angeknackten Selbstwert aufzupolieren. Diese Erkenntnis macht uns aber wahrhaft demütig. Die meisten Menschen überschätzen die Wichtigkeit ihrer eigenen Gedanken, die in den Augen der Weisen unserer Welt nur wie „Stroh in unserem Kopf" sind oder wie schwirrende Mücken, die rasch vergehen und bedeutungslos sind.

Auffüllen mit Hilfe von Meditation

Mit Hilfe von Meditation entspannen sich Körper und Seele. Man kommt in den Zustand des Parasympathikus. Ein Zustand, in dem man fähig wird, Kräfte aufzutanken und aufzufüllen. Wenn wir aktiv sind – das sympathische Nervensystem steuert –, können wir Kräfte gebrauchen und das, was an Kraft in uns ist, umsetzen. Nur im Zustand der Passivität können wir wieder auftanken. Das machen wir automatisch im Schlaf. Im willentlich herbeigeführten Zustand der Meditation passiert es oft, dass in der Entspannung zuerst Dinge, die tief in uns verborgen liegen, an die Oberfläche kommen. Sie rinnen sozusagen aus uns heraus und lassen uns leer zurück. Dann sind wir bereit, auf- und anzunehmen, uns den Kräften des Göttlichen zu überlassen, uns von ihnen anfüllen zu lassen. Je mehr der Mensch vom Eigenwillen leer wird, desto stärker kann er angefüllt werden mit einer Kraft, die er dann nicht mehr als seine eigene erlebt. Er verspürt eine Fülle, die weit über das Maß menschlicher Vorstellungen hinausgeht.

Es gibt mehrere Methoden, um sich anfüllen zu lassen. Vorerst die „ganz natürlichen". Wenn wir erschöpft sind, durch Stress ausgehöhlt oder durch eine überlange Periode negativer Gefühle (z. B. durch Mobbing) geschwächt sind, ist es zuerst wichtig, die natürlichen Mittel der Entspannung einzusetzen. Alles, was dem paradiesischen Zustand im Mutterleib gleicht, führt zur Entspannung: Dunkelheit, Wärme, vor allem aber warmes Wasser, gedämpfte Reize (kein grelles Licht, keine lauten Töne) und eventuell noch sanfte, angenehme Musik. Wenn wir von unserer Arbeitsstätte ausgepumpt nach Hause kommen, dann sind sicherlich ein ruhiger abgedunkelter Raum, sanfte Musik oder ein Vollbad das Richtige, um zu regenerieren. Wenn wir aber zu sehr mit negativen Gefühlen wie Aggression und Angst aufgeladen sind, ist es günstiger, zuerst die Negativenergie über den Körper abzureagieren und eine Form des Sports zu betreiben, die uns wirklich liegt und unsere Aggressionen in Muskelkraft umsetzt. Durch langsames Laufen, Radfahren, Schwimmen werden diese negativen Energien abgebaut, man fühlt sich nachher angenehm erschöpft und entspannt.

Oft ist auch ein Gespräch mit Freunden, die uns verstehen, die aktiv zuhören, eine wirkliche Erleichterung, die zur Entlastung der Situation führt. Dadurch, dass jemand Anteil an unseren Problemen nimmt, ist bereits eine Art Auffüllung gegeben. Wir müssen uns aber vom Zuhörer angenommen, akzeptiert und verstanden fühlen. Nicht, dass wir seine Ratschläge oder Lösungen brauchen. Durch die Zuwendung des Gegenübers bekommen wir wieder Energie, und durch das Darlegen unserer Situation kann es sein, dass wir einen anderen Blickwinkel zu unserem Problem erhalten und dadurch auch zu neuen Lösungen kommen.
Wenn niemand für uns zur Verfügung steht, gibt es spirituelle Methoden, die auf diesen natürlichen Methoden aufbauen, diese sicherlich nicht ersetzen, sondern sinnvoll ergänzen können. Das sind: Gebet, energetische Körperübungen, Kontemplation bzw. Meditation.

Gebet

In allen Kulturen ist es üblich, je nach Religionssystem, Gebete für die Gläubigen täglich – oft mehrmals – vorzuschreiben. Das hat einen psychohygienischen Hintergrund, denn dadurch wird die eigene individuelle Existenz zum „Absoluten in Beziehung gesetzt" und relativiert. Außerdem ist die Hinwendung zu einer begleitenden und fördernden Macht eine wichtige Maßnahme, um Sicherheit fürs eigene Leben zu erhalten. Beim Islam spielt außerdem die Form des täglichen Gebetes eine wichtige Rolle für den Körper, da die halbstündigen (fünfmal täglich) Gebetsvorschriften von vielen körperlichen Vorschriften begleitet sind wie: aufstehen, niederknien, verbeugen, waschen etc.

J. Zink meint dazu:

> „Geht es um ein wirkliches Heimkehren zu Gott oder ein wirkliches Einkehren in ihn, so fang beim einfachen Gebet an. Bei dem, was man umschreiben kann mit ‚Bitte und Fürbitte, Dank und Anbetung'. Sage, was du auf dem Herzen hast, was dich bewegt, was dich beglückt, was du erhoffst oder befürchtest ...

> Daneben gibt es aber eine ganze Welt von Gebeten, die du lesen und mitsprechen kannst, und unzählige gute Anleitung ..." (S. 193).

Das Gebet hat daher den psychologischen Hintergrund, dass persönliche Kränkungen und Verletzungen sozusagen auf den Altar göttlicher Akzeptanz hingelegt werden können und für den Betenden eine Entlastung eintritt. Andererseits aber gibt es auch das Dankgebet, wo man sich bewusst wird, dass vieles, was uns selbstverständlich ist, nicht so sein muss. Unsere Gesundheit, unsere Freunde, dass wir in einem Land leben, in dem bereits seit 50 Jahren Frieden herrscht, dass wir einen hohen Lebensstandard haben, dass die Familie in Ordnung ist und wir unseren Interessen nachgehen können und vieles mehr . *D. Steindl Rast* beschäftigt sich in seinem Buch „Fülle und Nichts" sehr intensiv mit der Fähigkeit der Dankbarkeit:

> „Im selben Moment, da ich das Geschenk als Geschenk anerkenne, und damit meine Abhängigkeit, bin ich frei – frei, um meine ganze Dankbarkeit auszudrücken. Diese Fülle kommt mit der Freude aus der Würdigung des Geschenks. Würdigung, Wertschätzung ist eine Reaktion unserer Gefühle. Unser Intellekt erkennt das Geschenk als Geschenk, unser Wille erkennt es an, aber nur unsere Gefühle reagieren mit Freude und uneingeschränkter Wertschätzung auf das Geschenk" (S. 20).

Dieses Gefühl der Dankbarkeit füllt uns innerlich auf. Wenn man es täglich zulässt, kann es sein, dass man dieses Anfüllen sogar körperlich spürt; man fühlt sich auf seltsame Weise seelisch satt, angefüllt und dadurch wunschlos. Es sind ja die unerfüllten Wünsche und Sehnsüchte, die uns unruhig und unzufrieden machen.

Ein weiterer Aspekt des Gebetes ist die „Anbetung", das stille Schauen, das Wahrhaben, das Staunen über die Wunder der Schöpfung, das Verneigen vor dem Schöpfer. Wie Sie vielleicht bemerkt haben, versuche ich in meinen Ausführungen das Wort Gott oder

Jesus Christus zu vermeiden. Das hat mit meiner Erfahrung mit vielen Personen zu tun, die der Kirche fernstehen. Das Wort „Gott" ruft in diesen Menschen negative Assoziationen wach. In Beratungen erlebe ich, dass Menschen, die der Kirche als Kind und Jugendlicher sehr nahe standen, sich von dieser abwandten, weil ihnen ein grausames und unerbittliches Gottesbild vermittelt wurde: sie standen einem strafenden und fordernden Gott gegenüber, der mehr auf ihre Sünden als auf ihre Verdienste schaute und daher immer böse war und nur schwer verzeihen konnte.

Ich erinnere mich an eine Frau, die zu mir in Therapie kam und meinte, Gott sehe sie überall, er kontrolliere sie ständig; sogar wenn sie im Denken über eine bestimmte Grenze gehe, dann bestrafe er sie unerbittlich. Ich machte ihr klar, dass sie gerade das Bild eines Folterknechtes gezeichnet habe, der sein Opfer ständig beobachtet, um es zu quälen.

Die Gottesbilder, die uns vermittelt werden, sind ja nicht nur von uns selbst geprägt, von unserer Geschichte, unserem Vaterbild, unserem Bewusstseinsstand, sondern auch von moralischen Institutionen und was diese uns in einer wichtigen Prägephase vermitteln. Sind diese Bilder zerstörerisch und destruktiv, wie dies oft in großen kirchlichen Organisationen der Fall ist, wendet sich der Mensch mit der Zeit von diesen Institutionen ab und sucht sein Heil bei anderen Gruppen, wie z. B. den Sekten. Daher vermeide ich die üblichen christlich verbrämten Ausdrücke. Oft genügt es schon, auf die Natur hinzuweisen, wo die Seele weit wird bei einem Sonnenuntergang, wo das Herz aufgeht, wenn man einen Vogel frühmorgens singen hört, wo das Stauenen unendlich ist, wenn man sieht, wie sich eine Blüte öffnet, sich der Sternehimmel über mir wölbt.

Dies kann oft mehr vermitteln, warum wir in stiller Anbetung verharren sollen, warum wir danken und preisen sollen. Unser Verständnis für unsere Umwelt, für die Zusammenhänge der Dinge würde verbessert, wenn wir diese „altmodische Form" der Religiosität wieder mehr pflegten. *J. Zink* bringt in seinem Meditationsbuch ein indianisches Morgengebet, das zeigt, welche Weite und

Differenziertheit früher im religiösen Bereich geherrscht hat und wie integrativ die entsprechenden Rituale und Gebete waren. Auch die Gottesbilder waren umfassender und lebendiger. Daher nehme ich an, dass die Auffüllmöglichkeiten für den Einzelnen günstiger waren.

Ein indianisches Morgengebet

Die Morgenröte kleidet sich
in ihr Lichtgewand.
Sie will Ehre erweisen
dem Schöpfer der Menschen.

Der hohe Himmel
legt die Decke seiner Wolken von sich.
Er beugt sich vor dem Schöpfer der Menschen.

Die Sonne, die Königin unter den Sternen,
breitet ihre Strahlen aus wie goldenes Haar.

Der Wind, der über die Erde geht,
streichelt auf seinem Weg die Wipfel der Bäume,
und wir hören ihn reden in den Zweigen.

In den Bäumen singen die Vögel
und bringen ihr Lied dar dem Herrn der Erde.

Die Blumen breiten ihre Farben aus
und ihren Duft. Es ist herrlich, sie zu sehen.

So rühmt auch mein Herz dich, meinen Vater,
bei jeder Morgenröte aufs Neue,
du, mein Schöpfer
(aus: Die goldene Schnur, S. 199).

Im Christlichen finden wir eine Entsprechung zu diesem Gebet im Sonnengebet des *Franz von Assisi*.

Energetische Körperübungen

Eine weitere Möglichkeit, um die Energien unseres Körpers und der Seele wieder aufzufüllen, sind die östlichen Techniken des Energieauftankens durch Körperübungen. Wir kennen und üben das im *Yoga,* aber auch *Tai-Chi* und *Chi-Gong* und den sehr verbreiteten *Fünf Tibetern,* speziell zusammengestellten Yoga-Übungen. All diese Übungen gehen natürlich von einem völlig anderen Körperverständnis aus, als wir es in der westlichen Welt haben. Unsere Mediziner sehen im Körper noch immer einen sehr differenzierten Mechanismus. Es ist für viele Ärzte noch immer schwer, eine Brücke zur Seele zu schlagen und die Zusammenhänge zwischen Körper und Seele zu erforschen und die Ergebnisse in die Therapien einzubauen.

Ich war jahrelang an der Psychosomatischen Station der Wiener Psychiatrischen Universitätsklinik als Psychotherapeutin und klinische Psychologin tätig, wurde von Prof. Erwin Ringel ausgebildet. Es war mir immer unverständlich, warum damals und auch heute noch so viele Internisten von der Psychosomatik nichts wissen wollen.

Kürzlich lernte ich eine junge Herzspezialistin aus dem AKH in Wien kennen, die meinte, dass auch jetzt noch die klassischen Mediziner – vor allem jene, die an den Hebeln der Macht sitzen – ein Urmisstrauen zeigen, wenn es um Körper-Seele-Verbindungen gehe. Sie können die psychosomatischen Theorien und Zugänge noch immer nicht akzeptieren, geschweige denn spirituelle Methoden. Dieser technische Zugang zu unserem gesamten Wesen erschwert es uns, energetisierende Methoden zu entwickeln.

Ganz anders sieht die *chinesische Medizin* und jetzt auch die *Alternativmedizin* den Menschen; nämlich als Ganzes, wo die Energiebahnen (Meridiane) entweder offen und durchgängig sind oder blockiert werden. Sie meinen, wenn man Methoden entwickelt, um Blockaden in unserem energetischen System zu lösen, werde der Mensch gesünder und auch energiegeladener. Daher wurden seit Jahrtausenden Systeme entwickelt, die jedem Menschen heute zugänglich sind und die täglich (in China sogar auf der Straße)

geübt werden, um die Kräfte, die wir während des Tages verbrauchen, mit Hilfe dieser Übungen wieder aufzufüllen. Es gibt derzeit genügend Angebote, um in Kursen eine dieser Methoden zu erlernen und am eigenen Körper und daher auch in der eigenen Seele die Auswirkungen zu erleben und überprüfen zu können.
Ohne tägliches Üben ist es aber nicht möglich, die Wirksamkeit zu erfahren. Man benötigt dazu 10–15 Minuten. Viele Menschen meinen nun, eine halbe Stunde Meditation und dann noch 15 Minuten Körperübung könne man sich zeitlich nicht leisten. Sie bedenken aber nicht, dass sie in einem Zustand der Erschöpfung für jede Tätigkeit viel länger brauchen und diese oft fehlerhaft ausgeführt wird. Die Zeit, die man sich für die geistigen und körperlichen Übungen nimmt, führen zu einem persönlichen Wohlgefühl und damit auch zu mehr Energie und Freude. Man fühlt sich nachher so wohl, dass man nach einiger Zeit diese Übungen nicht mehr missen möchte; sie werden zum wesentlichen Zentrum des Tages. Alles, was man tut, geht einem auch leichter von der Hand. Man hat auch insgesamt wesentlich mehr Kräfte, und Unangenehmes hat nicht so viel Macht über uns.

Kontemplation und Meditation
Alles, was mit Worten zu tun hat, also auch das gesprochene Gebet, hat vor allem mit unseren bewussten Anteilen zu tun. Formulieren, sich ausdrücken ist eine Tätigkeit, die sich vor allem über die Großhirnrinde vollzieht. Es gibt aber auch Methoden, die viel tiefere Schichten unseres Wesens erfassen. *Kontemplation* ist dabei die vorwiegend christliche Form des inneren Loslassens, des nur Da-Seins, des sich Fallenlassens und damit eine Vorstufe bzw. Sonderform der Meditation.

Dazu *Jörg Zink:*

> „Kontemplation ist die vollkommene Ruhe, mit der du in Gott bist. Sie kann damit beginnen, dass du dir, so umfassend du es vermagst, die dichten Zusammenhänge vorstellst, die zwischen Gott und unserer Welt, zwischen Gott

> und dir selbst, zwischen der Welt und dir bestehen. Dass du mit deinem kleinen Leben dich ganz einfügst in eine Welt der überall vernetzten Zusammenhänge, eine Welt, in der es Grenzen nicht gibt, wie es in einem großen Organismus nichts geben kann, das aus sich selbst lebt. Damit kann Kontemplation beginnen, dass du verstehst und erfährst, wie alles eins ist und nichts aus dem großen Lebenszusammenhang herausfällt. Auch du selbst nicht. Und wie das für Zeit und Ewigkeit gilt" (S. 202/203).

Bei der Meditation ist aber wichtig, dass die Großhirnaktivitäten möglichst ausgeschaltet werden und wir die inneren Bilder aus unserer Seele aufsteigen lassen, uns ihnen hingeben, die ganz zarten Stimmen in uns wahrnehmen, die normalerweise im lauten Alltag übertönt werden. Im nächsten Kapitel zeige ich auf, welche Methoden man benutzen kann, um in diese *Bilderwelt* hinabzusteigen und Informationen zu erhalten, an die wir mit anderen Mitteln gar nicht herankommen.

Meditation ist ein Geschehen, an dem Körper und Seele beteiligt sind. Es ist wichtig, die richtige Körperhaltung einzunehmen, richtig zu atmen, reinigende Vorübungen zu machen, in einen immer tieferen Entspannungszustand zu kommen und sich dann den positiven inneren Kräften zu überlassen, die dann genau das tun, was man im Moment braucht. Bei Meditation gibt es erstaunliche Effekte: Aktive Menschen werden ruhiger und zu ruhige Menschen werden lebendiger. Meditation balanciert uns aus.

Bei meiner *täglichen Meditation* haben belastende Ereignisse ein anderes Gewicht als vorher, sie sind nicht mehr so schwer erträglich, nicht mehr so niederdrückend. Es hat sich eigentlich nichts geändert, und doch erlebt man die Situation als leichter. Es gab in meinem Leben Phasen, da glaubte ich, die mir auferlegte Last nicht mehr tragen zu können. Es gibt in jedem Leben Zeiten, wo beruflich etwas schief läuft, wo gleichzeitig aber auch private Probleme auftreten, wo scheinbar alles schief geht. Genau in diesen Zeiten reagiert auch der Körper oft mit Erschöpfung oder aber mit Krankheit.

Gerade in diesen Zeiten bewährt sich die Meditation, weil man Distanz zu diesen schmerzlichen Ereignissen erhält, von denen man glaubt, dass sie einen zermalmen. Außerdem verschwindet die Angst, Dinge nicht ertragen zu können. Mir kommt vor, als ob sich in der Meditation eine Krisensituation wandelt. Ich erlebe sie als mir persönlich geschickt. Es wird mir klar, dass diese schwere Prüfung etwas ist, was mit meiner Person, meinem Entwicklungsweg und meinem Entwicklungsstand zu tun hat, auch wenn ich den dahinterliegenden Sinn im Moment nicht verstehe und mich dagegen aufbäume. Ich muss es einfach durchstehen. Ablehnung würde die Situation nur verschlimmern. Durch das tiefe Annehmen in der Meditation verändert sich aber die Situation so, dass dem Schmerz die Spitze genommen wird. Ich fühle mich nach einer Meditation erfrischt, ruhig und von einer heiteren Leichtigkeit getragen. Die Schwere fällt ab. Das hat natürlich auch Auswirkungen auf den Körper, denn Verkrampfungen verschwinden und stressbedingte Erscheinungen werden schwächer.

3.
Praxis der Meditationsschulung

Wie bereits anfangs angemerkt, habe ich viele verschiedene Methoden im Laufe meines Lebens in verschiedenen spirituellen Schulen an mir selbst durchprobiert und bei Brauchbarkeit und Vereinbarkeit mit dem christlichen Glauben in ein Gesamt-Entspannungs- und Meditationssystem eingebaut. So ist es zu meinen *Meditationskursen* gekommen, die ich eigentlich nie geplant habe. Ich hielt im Mai 1991 in unserem Institut für Präventivpsychologie einen Vortrag über Meditation mit dem Titel „Die Macht der Seele. Meditation, Weg zu den inneren Quellen". Bei der anschließenden Diskussion wurde die Atmosphäre im Raum immer dichter, und schließlich meinten mehrere Zuhörer, ob es nicht möglich sei, das Gehörte gemeinsam durchzuprobieren und einen Kursus zu versuchen. So machten wir den ersten Probekurs für Meditation im Juni 1991. Die Wirkung war so erstaunlich, dass einige Personen, die damals mit mir den Anfang machten, noch immer beim Meditations-Intensivkurs sind und im Laufe dieser Jahre unglaubliche Veränderungen und Verbesserungen ihrer persönlichen Situation erreicht haben.

Wir bieten in der *Arbeitsgemeinschaft für Präventivpsychologie* pro Semester Anfängerkurse an, sodann Fortgeschrittenenkurse und schließlich den Intensivkurs, der die Langzeitübenden erfasst. Im Anfängerkurs lernt man: sitzen, atmen, sich konzentrieren. Im Fortgeschrittenenkurs liegt dann die Aufmerksamkeit auf der intensiveren Schulung der Konzentration und auf Arbeiten mit inneren Bildern. Im Intensivkurs schließlich bringt die gesamte Gruppe bei der Interpretation der Bilder ihre eigenen Assoziationen zu den Bildern mit ein. Es gibt auch immer einen psychologischen Theorieteil, der helfen soll, auch über das bewusste Denken Veränderungen und vor allem Lockerungen der eigenen Einstellungen zu erreichen, die ja oft für persönliche Blockaden verantwortlich sind.

Wenn Zusammenhänge von Verhalten und Auslösersituationen im eigenen Leben klar werden, ist das Umschalten der Einstellungen viel einfacher. Es geht dabei immer um Umsetzung der Erkenntnisse in den Alltag, um Veränderung des persönlichen Blickwinkels und eine andere Wertung der schwierigen Situation selbst, also um eine Umwertung der Werte.

Wichtig in allen Kursen ist das *tägliche Üben,* anfangs höchstens 10 Minuten – damit man das auch langfristig durchhält. Nimmt man sich am Anfang zu viel vor, gibt man vielleicht bald auf. Es ist besser, 10 Minuten Übungszeit langfristig durchzuhalten, als eine halbe Stunde zu üben, und das nur drei Wochen. Es ist nicht zielführend, zu meinen, wenn man in den Kurs komme, würde man keine Probleme mehr haben und immer glücklich sein. Diese Illusion muss gleich anfangs aufgelöst werden, um frei zu sein für reale und nüchterne Arbeit und Disziplin. *Spiritueller Weg* hat mit Arbeit, Disziplin und Treue zu tun. In letzter Zeit bemerke ich viel mehr Bereitschaft, sich diesen harten Bedingungen zu stellen, als früher, wo eher die gierige, suchthafte Haltung vorgeherrscht hat.

1. Schritt: Entspannung und Konzentration

Wenn jemand sich entschließt, in den Meditationskurs zu kommen, wird er angewiesen, lockere Kleidung anzuziehen und eine Decke mitzubringen. Dann beginnt die erste Stunde damit, sitzen zu lernen und den für sich selbst günstigsten Sitz zu entdecken.

Sitzen und Atmen

Der *Meditationssitz* ist etwas Besonderes. Er unterscheidet sich von der Kutscherhaltung des Autogenen Trainings dadurch, dass in einer Stellung sowohl die Entspannung als auch die Anspannung harmonisch miteinander vereint sind. Wir wissen ja, dass diese Verbindung für uns günstig ist, weil sie ausbalancierend wirkt. Wie kann man nun beides vereinen? Bei der Meditationshaltung gibt es immer die Komponente der Konzentration und der „Haltung". Wir müssen den Rücken gerade halten, und zwar so, dass es uns anfangs sogar weh tut, weil wir mit unserem Büro-Rundrücken das ja gar nicht mehr gewohnt sind. Gleichzeitig müssen wir die Schultern locker hängen lassen und innerlich loslassen. Halten und Lassen gleichzeitig ist angesagt, und das fällt uns anfangs schwer, weil wir ja in einer einpoligen Gesellschaft eine solche Einstellung gar nicht gewohnt sind.

Die Meditationshaltungen haben den Sinn, unser vorhandenes Energiesystem zu verstärken, den Energiefluss zu beschleunigen. Die intensivste Meditationshaltung ist der im Yoga entwickelte *Lotossitz* (siehe Abbildung Nr. 1) unten; genannt „Padmasana"; weiters der *Diamantsitz* oder halbe Lotossitz, genannt Stellung des Erleuchteten oder „Siddhasana", und ebenso der *Zen-Sitz.*

Tipton gibt uns in seinem Zen-Artikel in Meister, Gurus, Menschenfänger (Ken Wilber, Bruce Ecker und Dick Anthony, 1995) eine präzise Beschreibung der Wirkung des Lotossitzes, der auch im *Zen* Verwendung findet.

> „... werden die Übenden dazu angeleitet, aufrecht und mit überkreuzten Beinen zu sitzen, wobei die Gesäßbacken auf

Abb. Nr. 1:

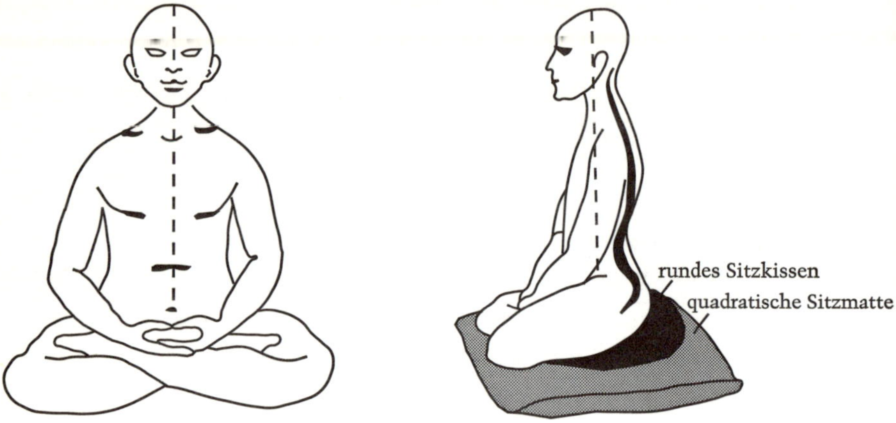

einem runden, niedrigen, festen Kissen ruhen und beide Knie auf dem Boden beziehungsweise einer unter dem Sitzkissen liegenden Sitzmatte aufliegen. Dadurch wird das Becken leicht nach vorn gekippt und der Rücken in eine aufrechte Position gebracht, sodass die Wirbelsäule sanft geschwungen ist und die Muskel oberhalb der Taille sich entspannen können. Der Brustkorb sinkt in dieser Haltung abwärts. Dadurch wird der Unterbauch nach vorn gedrückt, und das Schwerkraftzentrum des Körpers verlagert sich nach unten. Auf diese Weise entsteht eine ziemlich stabile Haltung und, was noch wichtiger ist, die Zwerchfell- oder Bauchatmung wird angeregt" (siehe oben S. 144).

Bei der Zen-Haltung setzt man sich entweder auf seine Fersen oder aber, wenn dies zu große Schmerzen bereitet, nimmt man als Hilfe einen Meditationspolster oder einen Meditationsschemel, für dessen Konstruktion es genaue Anweisungen gibt.

Anweisung für den Bau eines Meditationsschemels:
Die kleine Bank ist etwa 48 cm lang, 17 cm breit, hinten 19 cm hoch, vorne 15 cm. Der Sitz kann zur größeren Bequemlichkeit gepolstert werden (aus: Philip Kapleau, Die drei Pfeiler des Zen, 1987).

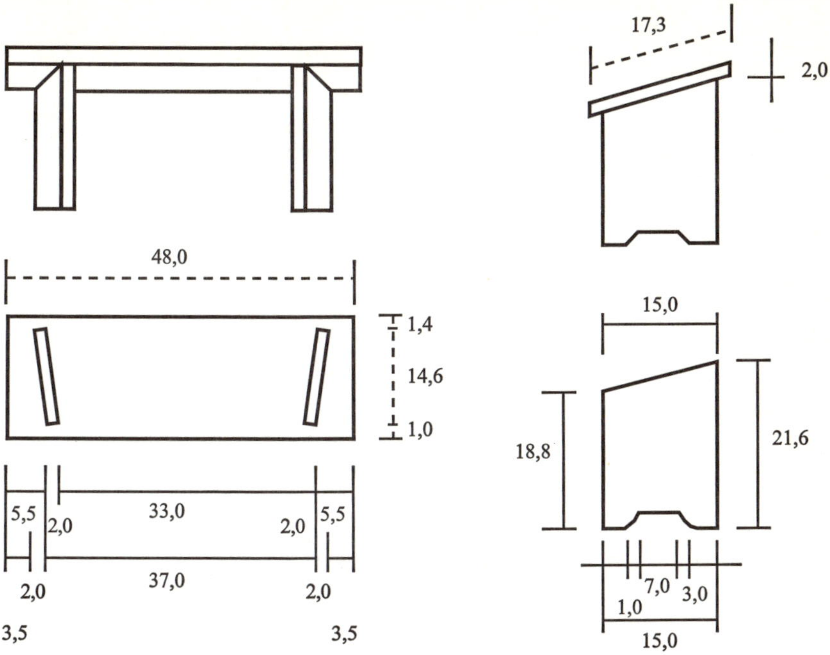

Abb. Nr. 2: Zaazen-Schemel
Ich verdanke diese Zeichnung einem Bauingenieur, den ich bei meinen Wirtschaftsschulungen kennen- und schätzengelernt habe und der eine große Liebe zum Zen entwickelt hat. Leider hat er seinen anfangs sensationellen Weg nicht durchgehalten.

Bei allen beschriebenen Meditationshaltungen ist es wichtig, zu beachten, dass der Kopf und die beiden auf dem Boden liegenden Knie ein Dreieck bilden.

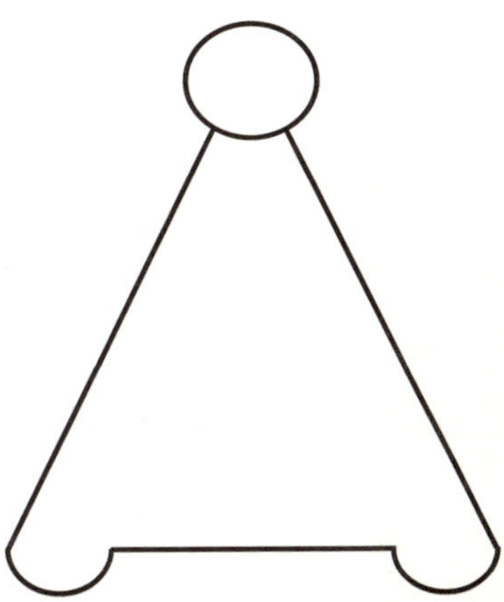

Abb. Nr. 3: Dreieck
Diese Form des Sitzens fällt uns westlichen Menschen sehr schwer und muss intensiv geübt werden. Man kann aber in jedem Alter damit anfangen und zu beachtlichen Erfolgen

kommen. Ich habe von einem Bekannten gehört, dass sein 60-jähriger Freund mit dem Lotossitz zu üben begonnen hat und dann fast nur mehr diesen Sitz auch im Alltag gewählt hat, weil er ihn nicht nur so gut beherrschte, sondern sich dabei auch besonders wohl fühlte.

Die Meditationshaltungen sind nachweislich für unsere körperliche Gesundheit günstig.

Nr. 4: Zenhaltung
Lassen aber die Knie oder eine allgemeine Steifheit unserer Beine eine solche Haltung nicht zu, kann man auf eine Haltung ausweichen, die wir aus den Darstellungen der ägyptischen Pharaonen kennen. Man setzt sich ganz vorne auf einen Sessel, die Knie leicht geöffnet, Beine und Schenkel parallel und – was das Wichtigste bei allen diesen Haltungen ist – den Rücken gerade.

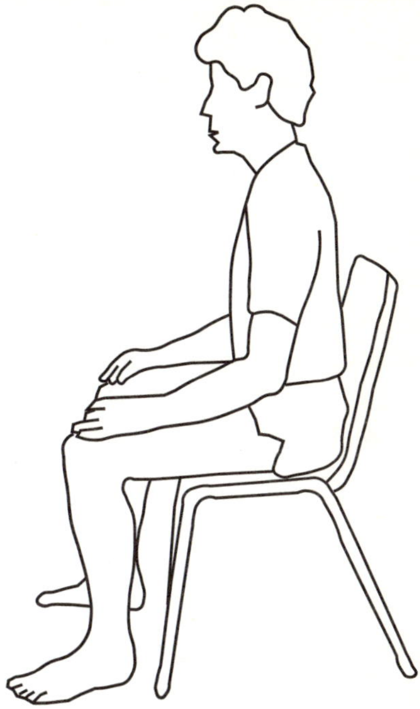

Abb. Nr. 5: Sitz am Sessel (Pharaonensitz)

Außerdem ist es wichtig, die Haltung der Hände zu beachten, da diese ebenfalls den Energiefluss des Körpers beeinflusst. Es besteht die Möglichkeit, die Hände locker auf die Knie zu legen oder aber im Schoß liegen zu haben, wobei die linke Hand in die rechte Hand gelegt wird und beide Daumen einander berühren (Zen-Praxis). Eine in den östlichen Religionen beliebte Möglichkeit, die wir bei den Buddha-Statuen beobachten können, ist jene, die Hände locker auf die Knie zu legen und Daumen und Zeigefinger zu einem O zu formen.

Anfangs ist man eine klassische Meditationshaltung gar nicht gewohnt, der Rücken schmerzt vom ungewohnten Geradesitzen. Doch diese Haltung verhilft uns, in Trance zu kommen, ohne gleich einzuschlafen.

Es wird also in allen spirituellen Schulen streng darauf geachtet, dass Bedingungen (körperlich und seelisch) hergestellt werden, die den Zustand der Trance begünstigen. Auch das Verbrennen von Substanzen wie Weihrauch, Räucherstäbchen und anderes haben diesen Zweck.

Atmen ist ein weiterer wichtiger Aspekt der Meditation. Es gibt verschiedene Zugänge, je nach Meditationsschule. Ich selbst bevorzuge die *Yoga-Atmung,* die ich bereits beschrieben habe, da sie rasch entspannt und überaus wirkungsvoll ist.

Doch der Yogi geht noch weiter und meint, dass „Prana" (die Atemluft), den göttlichen Geist beinhalte und dieser nur mit der Nase aufgenommen werden kann. Daher wird Yoga-Atmung ausschließlich mit der Nase durchgeführt.

Licht- und Organübung

Bisher war die Aufmerksamkeit vor allem auf den Körper gerichtet, auf das Sitzen und das Atmen. Der erste Einstieg, mit Vorstellungen zu arbeiten und somit die Konzentration zu schulen, beginnt damit, dass wir mit dem Ausatmen auch Negatives weggeben. Danach kommt die wahrscheinlich mühsamste Vorstellungsübung, die auch allen Übenden immer wieder sehr schwer fällt, die *Lichtübung.* Man sitzt in der gewohnten Meditationshaltung und stellt sich vor, dass ein Lichtstrahl von oben auf den Scheitel fällt und in den Körper eindringt. Dieses starke Licht fließt die Wirbelsäule hinunter und dringt wieder in die Erde ein. Dieser Lichtstrom verbindet den Menschen mit dem Kosmos und mit der Erde.

Es ist günstig, bei dieser Übung *Meditationsmusik* zu verwenden, da es den meisten Menschen schwer fällt, sich zu konzentrieren.

Jetzt richtet sich die Konzentration auf unsere *Organe.* Das ist anfangs schwer, weil wir oft gar nicht wissen, wo diese in unserem Körper liegen, geschweige denn, dass wir ihr Aussehen kennen. Doch durch Information aus medizinischen Büchern lernen wir uns sozusagen auch „innen kennen"; wobei für diese Übung die genaue Kenntnis weder der Position noch des Aussehens des Organs wesentlich ist. Wir verbinden nun die bereits gelernte Atemtechnik mit einer aus dem *Tao* entlehnten Form der *Konzentrationsübung:* Wir visualisiseren bei jedem Organ „dunkle Stellen", die wir ausatmen. Sodann lassen wir durch unseren Scheitel Licht in unseren Körper einströmen, sodass die Organe mit diesem Licht erfüllt werden. Auf diese Weise gehen wir ein Organ nach dem anderen durch und atmen die negativen Anteile aus und Licht ein.

Anfangs sind diese Form der Konzentration und auch sein Gegenstand ungewöhnlich, doch mit der Übung wird einem das sehr vertraut. Man konzentriert sich zuerst auf den *Kopf,* und da vor allem auf den Innenraum des Kopfes; sodann auf die Kehle, die Lungenflügel, das Herz usw. So geht man alle Organe im Körper durch und zuletzt noch die Drüsen. Nach dieser etwa 10–12 Minuten dauernden Übung stellt sich ein Gefühl der Reinigung und des Aufgefülltwerdens ein.

In unseren Meditationskursen ist dies die Einstiegsübung, nachdem die Trainingsteilnehmer kurz in einem Blitzlicht ihre Alltagssituation geschildert haben und ein kurzer Theorieteil mit psychologischer Information folgte. Häufig kommen die Teilnehmer vom Arbeitsplatz, wirken gehetzt und erschöpft. Nach der Licht-Organ-Übung senkt sich über alle eine Ruhe, eine stille Heiterkeit. Manchmal kommt es uns vor, als ob es in der Gruppe „heller" würde. Die bisherige Hektik verschwindet und macht einem Gefühl der angenehmen Geborgenheit Platz.
Wir stellen uns dann vor, dass Licht in unseren gesamten Körper einströmt: in den Kopf, Hals, Schultern, Brust, Bauch, Unterbauch, Arme, Beine. Somit wird unser gesamter Körper in unserer Vorstellung innen hell. Diese recht anspruchsvolle Konzentrationsübung verhilft dazu, dass unsere Organe nicht nur entspannt, sondern auch besser durchblutet werden. Daher können wir nach einiger Zeit einen positiven körperlichen Effekt feststellen, sowohl was unsere Widerstandskraft gegenüber Krankheiten betrifft als auch eine Besserung bei organischen Verkrampfungserscheinungen.
Es wird den Übenden nahegebracht, die so erlebte Energie auch anderen Menschen zur Verfügung zu stellen und jemandem, der ihrer bedarf, zu senden. Auch hier gibt es eine speziell dafür entwickelte Technik.

2. Schritt: Arbeiten mit inneren Bildern

Es gibt einige Meditationsschulen, die diesen Schritt auslassen (z. B. im *Zen*) und gleich zum bildlosen Verweilen übergehen. Ich selbst arbeite seit Jahren mit inneren Bildern und kenne deren heilsame Wirkung. Außerdem glaube ich, dass das „Arbeiten mit inneren Bildern" dazu beiträgt, die psychischen Blockaden, die sich in jahrelangem Fehlverhalten fixiert haben, leichter zu beseitigen. Es bietet uns außerdem die Möglichkeit, rasch und direkt zur Selbsterkenntnis durch Selbstkonfrontation zu kommen.

Schamanenreisen

Eine außergewöhnlich effiziente Technik sind in dieser Hinsicht die *Schamanenreisen.* Diese sehr alte Technik, die ich bereits erwähnt habe, arbeitet mit leichter Trance und geleitet den Menschen zu seinen inneren Bildern. Man könnte das mit einer *Fantasiereise* vergleichen, nur dass es dabei fast keine Vorgaben gibt. Es werden nur klare Rahmenbedingungen vorgeschrieben. Die individuellen Erlebnisse während dieser „inneren Reise" sind vom Seminarleiter nicht beeinflussbar. Es ist dem westlichen Menschen anfangs fremd, sich auf dieses Medium einzulassen, weil er sich in der Symboldeutung nicht mehr gut auskennt.
Doch mit der Zeit lernen wir gut damit umzugehen, und es macht allen Trainingsteilnehmern wirklich Freude, mit diesen uralten Techniken zu arbeiten. Dabei gibt es zwei Formen der Fantasiereisen:

a) eine in die untere Welt, wo man seinem Kraftpotential begegnet, und
b) eine in die obere Welt, wo man seine helfenden Geister trifft.

Reise in die „Untere Welt"

Man stellt sich als „Reisender" vor, man würde durch die Erde in einen Bereich vordringen, der die „Untere Welt" genannt wird. Dort begegnet man Tieren, die sich einem als die Visualisierung der eigenen Kraft zu erkennen geben. Es können also unterschiedliche Tiere als die eigenen Krafttiere erkannt werden: z. B. Bären, Löwen, Vögel etc. Diese sind dann die sog. Auskunftsinstanz, wenn es um Probleme und Fragen geht.

An dem Zustand dieser *Krafttiere* können wir unseren eigenen Seelenzustand ganz präzise wahrnehmen und somit erkennen. Ist z. B. ein Krafttier gesund, kräftig, hat ein glänzendes Fell und ist zutraulich, dann ist anzunehmen, dass die Kräfte des „Reisenden" gut im Schuss sind. Ist aber der Trainingsteilnehmer in einer Verfasssung der Müdigkeit, Erschöpfung durch zu große Belastung, kann er das auch bei seinem Krafttier visualisieren. Er erlebt es als klein, mickrig, lustlos bis apathisch; das Fell ist stumpf und strahlt Schwäche und Bedürftigkeit aus.

Diese Tiere (wenn er bereits mehrere Krafttiere besitzt) sagen dem Klienten, der sie befragt, was er tun muss, damit es ihnen (und somit auch ihm) besser geht. Oftmals sieht dann die Begegnung so aus, dass dem Klienten das Tier leid tut und er es in die Arme nimmt, streichelt, ihm Zuwendung gibt. Dann merkt er, wie sich der Zustand des visualisierten Tieres verändert. Ist das Krafttier z. B. ein Löwe, der mit stumpfem Fell, lustlos und eher geschrumpft in einer Ecke liegt, so wird er durch die Zuwendung des „Reisenden" kräftig, heiter; er bekommt wieder ein glänzendes Fell und eine größere Gestalt.

Wenn nun der Teilnehmer Angst vor seiner eigenen Kraft hat, kann man das in einer solchen Interaktion wahrnehmen. Er hat Angst vor dem Löwen, der ja gemeinhin das Symbol für Aggression und Kampfgeist ist; er nähert sich ihm nicht, hält immer Respektabstand. Oft wenden Personen, die ihre Aggressionen fürchten, diese gegen sich selbst und verfallen in Depression. Diese Depression hat genau die Anzeichen, die das Krafttier in der Schamanenreise zeigt.

Es werden bei solchen Übungen die *Selbstheilungstendenzen* des Klienten wachgerufen. Eine äußerst wirksame Methode, um rasch zur Besserung eines konflikthaften Zustandes zu kommen.

Durch gemeinsame Besprechung der Bilder in der Gruppe wird der eigene Eindruck noch durch die Rückmeldung der anderen berei-

chert, wobei ich selbst noch zusätzliche Aspekte für den Klienten einbringe, um seine Bilder für ihn zu erhellen.
Ein Beispiel soll verdeutlichen, wie die visualisierten Krafttiere Anteile der eigenen Persönlichkeit darstellen. Eine Bekannte erfuhr von mir von den Schamanenreisen und wollte sie ausprobieren. Sie reiste in die „Untere Welt" und begegnete dort einem Elefanten. Als sie ihn fragte, ob er ihr Krafttier sei, antwortete er nicht, sondern nahm sie mit seinem Rüssel, setzte sie sich auf den Rücken und trabte munter durch die Steppe, was meine Bekannte als sehr lustvoll erlebte. Sie war übrigens eine, die sich oftmals „wie ein Elefant im Porzellanladen" verhielt.
Ursprünglich war diese Form der Übung eine Möglichkeit für den Schamanen (bzw. die Schamanin), um die Situation seiner Stammesangehörigen rasch zu diagnostizieren. Er war ja Medizinmann und verantwortlich für das körperliche und seelische Wohlergehen seines Stammes. Daher ist der Schamane nie für sich selbst gereist, sondern immer für die ihm Anvertrauten.
Seminarteilnehmer in den höheren Kursen gelangen oft langsam – vor allem, wenn sie einen Sozialberuf ausüben – ebenfalls zu der Einstellung, dass sie für andere Menschen, für ihnen Anvertraute auf diese Weise Information erhalten wollen. Leider sind viele Menschen aber nur am eigenen Sein, der eigenen Entwicklung interessiert und kreisen ununterbrochen um sich selbst. Ich glaube, dass die Schamanen das als Missbrauch ihrer Techniken und Rituale ansehen würden.

Reise in die „Obere Welt"
Bei dieser Meditationsform geht es nicht mehr darum, die eigenen Kräfte zu visualisiseren, sondern die Kräfte unserer „höheren Anteile" (die *Transpersonale Psychologie* würde sie als Kräfte des Selbst bezeichnen). Damit ist jener Teil in uns gemeint, den die Mystiker aller Religionen den göttlichen Kern in uns nennen, der alles weiß und eigentlich auch alles kann; z. B.: Berge versetzen, heilen, die Zukunft vorhersagen, in die Vergangenheit schauen etc. In dieser Reise visualisieren wir unseren „Geistigen Führer", unsere „Geis-

tige Führerin". Da wir uns in einer christlichen Kultur befinden, sind diese Gestalten oft uns bekannte oder auch uns unbekannte Heilige.
Auch bei diesem Ritual kann man erstaunliche Dinge erleben. Eine Trainingsteilnehmerin, selbst kirchenfern und ohne jegliche Kenntnis katholischer Heiliger, begegnete in der „Oberen Welt" bei der Suche nach ihrem Geistigen Führer einer Klosterfrau in einem braunen Habit mit einem cremefarbenen Kopfhaubenteil. Bei der Suche nach der Ordenstracht in Büchern entdeckte sie, dass es sich bei dem Ordenskleid um eine alte Form der Tracht der Karmelitinnen handelte. Bei dieser Gestalt, die ihr in der „Reise" begegnete, handelte es sich um „Teresa von Avila", über die sie selbst keinerlei Information hatte.
Die Antworten auf die Fragen des Reisenden, die er von seinem „Geistigen Führer" erhält, sind nach meiner Erfahrung ganz anders als Ich-Antworten der Klienten. Manchmal sind diese von den Geistigen Führern gegebenen Antworten und Hinweise nur ganz schwer zu entschlüsseln und wirken kryptisch; manchmal sind sie klar und geben ganz genaue Handlungsanweisungen. Bei einer Trainingsteilnehmerin, die seit Jahren unsere Intensiv-Meditationsgruppe besucht und den heiligen Josef als Geistigen Führer hat, sind die Bilder und Antworten immer sehr klar und handfest, obwohl diese Person selbst alles andere als handfest und realitätsbezogen ist. Es kommen bei ihren Reisen immer wieder Hinweise und auch Bilder in Richtung: lockerlassen, nicht mehr so leistungsbezogen zu agieren, lernen, zu entspannen und zu genießen, Dinge langsam auf sich zukommen lassen und ihnen nicht so krampfhaft nachlaufen. Alle diese Bemerkungen des heiligen Josef sind dann mit ganz praktischen Hinweisen gekoppelt, die mit der Zeit auch Wirkung zeigen. Es ist dies ein langsamer und zarter Weg, den zu gehen man eingeladen wird.
Welche Anteile unseres Wesens nun diese Antworten geben, ob es eigene Anteile sind oder aber Instanzen außerhalb unserer Person, ist nicht abzuklären. Ich persönlich finde es auch müßig, sich darüber den Kopf zu zerbrechen, da eine Antwort mit der heutigen

Sichtweise unserer Wissenschaft und ihren Methoden wahrscheinlich gar nicht möglich ist. Das Einzige, was mich als Psychotherapeutin daran interessiert, ist die Wirksamkeit dieser Methode auch für Menschen, die schwere Störungen aufweisen. Dabei sind für mich solche Methoden eine sinnvolle Ergänzung zu Einzelsitzungen, die dann nicht mehr wöchentlich notwendig sind. *Entspannungsmethoden* wie *Meditationsgruppe* oder *Biofeedback* oder *Autogenes Training, Einzelsitzungen* und *Persönlichkeitstrainings* ergänzen einander sinnvoll und bieten dem Klienten eine Fülle von Impulsen, die er in seinem Alltag gut umsetzen kann. Außerdem erspart eine solche Kombination dem Therapeuten Zeit und dem Klienten Geld und Kraft. Ich bin dankbar, dass ich diese alten Methoden kennengelernt habe und auch die Gelegenheit hatte, sie zuerst an mir selbst auszuprobieren, um sodann mit ihnen gefahrlos für den Klienten arbeiten zu können.

Farbmeditation

Diese hat ganz andere Wurzeln als die Schamanenreisen. Als Grundlage für diese Übung ist die chinesische Lehre von den *Chakren* (den Energiezentren) anzusehen. Dabei ordnet man den bestimmten Energiezentren im Körper bestimmte Farben zu. Die Theorie besagt nun, dass bei einer Visualisierung dieser Farben durch den Übenden zu erkennen ist, ob sein Energiefluss in Ordnung ist oder ob an bestimmten Teilen seines Körpers Blockaden aufgebaut wurden.

Diese Informationen sind in der westlichen Welt seit einiger Zeit durchaus bekannt und vertraut. Wir besitzen sieben Chakren. Während der Meditation beginnen wir, uns auf das Basis-Chakra zu konzentrieren, dem man die Farbe Rot und die Lebenskraft des Menschen zuordnet.

Sodann konzentrieren sich die Übenden auf das Sakral-Chakra, bei dem man die Farbe Orange visualisiert und das mit Kreativität, Schöpferkraft und somit auch Eros und harmonisch gelebter Sexualität in Verbindung gebracht wird.

Beim Solarplexus assoziieren wir die Farbe Gelb; es wird in allen einschlägigen Schriften unseren Machtanteilen zugeordnet.
Beim Herz-Chakra kann man sowohl die heilende Farbe Grün oder aber Rosa visualisieren. Grün vertritt den Aspekt der Heilung und Rosa steht für Liebe zu allen Geschöpfen und auch Zärtlichkeit.
Das Kehl-Chakra steht für Kommunikation und wird mit den Farben Hellblau und/oder Türkis in Verbindung gebracht.
Die beiden obersten Energiezentren, das „dritte Auge" und das Scheitel-Chakra, stehen ausschließlich für spirituelle und intellektuelle Fähigkeiten. Das dritte Auge für analytischen Verstand, aber auch für geistige Fähigkeiten wie Präkognition und anderes. Die Farben Dunkelblau und vor allem Violett werden diesem Chakra zugeordnet.
Das Scheitel-Chakra steht für den Einfallskanal göttlicher Energie aus dem All, ihm wird die Farbe Weiß zugeordnet.
Jedes Energiezentrum wird sowohl mit einer Farbe als auch mit einem bestimmten Kraftanteil bzw. einer Fähigkeit oder Einstellung in Verbindung gebracht.
Die Farbmeditation wird mit den Übenden liegend durchgeführt. Es ist eine geführte Meditation, bei der sich die Trainingsteilnehmer jeweils auf das bestimmte Chakra (beginnend beim Basis-Chakra) konzentrieren und die entsprechende Farbe vorstellen. Sie konzentrieren sich darauf, dass diese Farbe sowohl den Körper innen ganz erfüllt als auch außen umhüllt.
Sodann werden die Teilnehmer aufgefordert, diese entsprechende Farbe in der Natur zu suchen. Es werden bei Rot oft Mohnblumenfelder visualisiert, aber auch Sonnenauf- und -untergänge, Feuer und Vulkane. Bei jeder Farbe ergeben sich andere Bilder, die sich tief in uns einprägen, deren Qualität man längere Zeit auf sich wirken lässt. So steigen wir dann von Chakra zu Chakra, von Farbe zu Farbe.

Dazu aus dem *Chakren-Handbuch* von Sharmon und Baginski, 1989:

> „Dabei ist naheliegend, ja es sollte geradezu selbstverständlich sein, Farben bewusst und sinnvoll einzusetzen bzw. uns

> ihre Wirkung zunutze zu machen. Die unterschiedlichen Farbschwingungen wirken in besonderem Maße über die Chakren auf uns ein" (S. 176).

Der diagnostische Wert einer solchen Übung ist für mich als Therapeutin sehr groß. Ich muss nur genau achten, welche Farben von den Teilnehmern nicht als positiv erlebt werden, welche schmutzig oder zu blass gesehen werden. Dies weist darauf hin, dass es in diesen Zentren zu Blockaden und Störungen der dazugehörigen Einstellungen gekommen ist. Ich erinnere mich an einen sehr dramatischen Meditationsabend, als eine Trainingsteilnehmerin nur mehr das Rosa im Herzen gesehen hat, keine andere Farbe mehr visualisieren konnte. Alle Teilnehmer der Gruppe spürten, dass diese Frau selbstmordgefährdet war und ihr Leben wirklich nur mehr an einem „seidenen (rosa) Faden" hing.

In einem solchen Fall arbeiten wir dann mit der Aktivierung der Chakren. Es tritt eine Beruhigung der Situation ein, die aber nicht so günstig bleibt, wenn sich die Grundeinstellung des Klienten nicht ändert. Es ist eine der schwierigsten Aufgaben für den Menschen, seine eingefahrenen Einstellungen zu ändern. Daher biete ich in einem solchen Fall immer Einzelsitzungen an bzw. werden diese von den Teilnehmern gewünscht. Kurzfristig kann man ja mit viel innerem Aufwand sein Verhalten ändern. Doch wenn die Einstellung gleich bleibt, wird auch das Verhalten wieder rasch in die alten Bahnen zurückkehren.

Besonders deutlich merken wir diese Tatsache bei Menschen, die fasten wollen, um schlank zu werden, aber die prinzipielle Einstellung der Askese nicht einnehmen. Nach der „Kur" fallen sie sofort wieder in ihr altes Verhaltensschema des lustvollen oder auch kompensatorischen Essens zurück und haben nachher mehr Gewicht als vorher.

Die Farbmeditation dauert zwischen 20 und 30 Minuten und ist sowohl eine gute diagnostische Methode als auch eine Möglichkeit zur Ausbalancierung der eigenen Kräfte und Einstellungen. Das innere Akzeptieren aller Farben hat auch etwas zu tun mit der Akzeptanz aller Aspekte unseres Wesens und auch von gegenläufigen Einstellungen, wie z. B. positive Einstellung zum Kampf, aber auch zur Zärtlichkeit. Vor allem die Macht- und Kampfaspekte werden von Frauen sehr oft verleugnet, was zu Schwierigkeiten in der Begegnung mit mächtigen Menschen führt.

Frauen können sich in bedrohlichen Situationen schlecht wehren und fühlen sich hilflos und ausgeliefert. Sie können ihre Kraft nicht wahrnehmen und empfinden sich als Opfer einerseits der Situation, aber auch von bestimmten Menschen. Viele dieser Frauen haben Schwierigkeiten, die Farben Rot und Gelb wirklich gut zu visualisieren; ja, viele von ihnen haben sogar eine ausgesprochene Abneigung vor allem gegen Grellrot. Sie mögen nur die sanften Farben wie Rosa und Himmelblau. Ich lernte aber auch das Gegenbeispiel in einer Trommelgruppe kennen: einen sehr aggressiven narzisstischen Mann, der die Farbe Rosa nicht ausstehen konnte und auch zu keinerlei Zuwendung, Zärtlichkeit und Empathie fähig war.

Durch eine Mischung aus den eben beschriebenen Methoden und dem intensiven Gruppengespräch sowie von Einzelsitzungen kann es zu einer Änderung der Einstellung und somit zu einer prinzipiellen Verbesserung der Situation des Einzelnen kommen.

3. Schritt: Leer werden – Alles und nichts

Die bisherigen Übungsschritte waren gekennzeichnet von der Schulung des Sitzens, Atmens, der Konzentration, des Arbeitens mit Bildern. Der nächste Schritt führt uns von diesen Aktivitäten ganz weit weg, jetzt geht es um etwas ganz anderes. Es geht darum, was uns *Zen* so präzise lehrt:

Nichts denken
Nichts fühlen
Nichts wollen

Wenn wir unsere Ich-Anteile, unser egozentrisches Wollen, unsere Gier, unsere ständigen Selbstbestätigungstendenzen hinter uns gelassen haben, tritt das Erlebnis der totalen Befreiung ein. Die Schriften berühmter Zen-Meister, die auch im christlichen Raum tätig sind (wie z. B. Pater Lasalle und Pater Steindl Rast), versuchen, diesen unaussprechlichen Zustand und den Weg dorthin zu beschreiben.
Die Literatur über Zen füllt ganze Bibliotheken und zeigt ganz präzise, was unter dieser Überschrift gemeint ist.

4.

Spiritualität und Persönlichkeit

Was fördert die Motivation für Meditation?

Früher war Meditation ausschließlich für eine kleine, ausgewählte Gruppe von Menschen möglich und zugängig. Die Meditationsschulen hüteten ihr Geheimnis des spirituellen Weges, und nur komplizierte Aufnahmerituale und strenge Auslesekriterien gaben den Weg zu einer solchen Schulung überhaupt frei. Es waren nur verschwindend wenige, die diese Chance hatten. Diese zogen sich in Klöster oder Ashrams zurück, kehrten der Welt den Rücken und pflegten ausschließlich diesen Weg.
Heute haben wir es mit einer völlig anderen Situation zu tun. Geheimstes Wissen steht heute jedem offen, der es erlangen will. Wenn wir schamanische Rituale lernen wollen, brauchen wir uns nur umzusehen, wo die entsprechenden Seminare oder Schulungen angeboten werden. Dabei spielen für den Menschen der westlichen Welt Raum, Zeit und Geld eine untergeordnete Rolle. Europäer machen Kurse und jahrelange Ausbildungen in der ganzen Welt. Sie fahren nach Mexiko, um einem bestimmten Schamanen zu begegnen, oder nach Indien in das Ashram eines bedeutenden Yogi.
Auch katholische Priester, die es zu einer gewissen Spiritualität gebracht haben, ziehen die Menschen ihrer Umgebung magisch an. Ihre Kirchen sind voll, sie können sich nicht beklagen, dass zu wenig Jugend an ihren Schulungen und oft langwierigen rituellen Messen (die bis zu fünf Stunden dauern) teilnimmt. Was zieht die

Menschen so an? Wieso machen sie sich die Mühe, Tausende Kilometer zu reisen, ihren Urlaub aufzubrauchen, um irgendeinem Guru nachzulaufen? Was suchen diese Menschen, was ist ihre Motivation?
Dazu meint *Frances Vaughan* in einem Aufsatz in „Meister, Gurus, Menschenfänger":

> „Das durch den Verfall der traditionellen religiösen Institutionen im Abendland entstandene Vakuum wird sowohl von ausbeuterischen Scharlatanen als auch von echten spirituellen Meistern ausgefüllt."

Und weiter unten:

> „Die orthodoxen religiösen Institutionen der westlichen Welt haben es versäumt, ihren Anhängern eine Form der disziplinierten kontemplativen Ausbildung nahe zu bringen. Doch erfordert jede gesunde menschliche Entwicklung eine ausgewogene Integration der physischen, emotionalen, mentalen und spirituellen Aspekte."

Ich erlebe als Psychotherapeutin, dass die modernen Menschen sowohl nach emotionaler als auch spiritueller Integration lechzen. Sie sind in ihren existentiellen Bedürfnissen abgesättigt und trachten nach Tieferem und Höherem. Viele Menschen der westlichen Welt sind von dem anfänglich verführerischen Konsumrausch angewidert. Das dritte oder vierte Auto – mag es noch so toll sein – befriedigt nicht mehr so wie das erste. Auch der wiederholt erlebte exquisite Urlaub bringt es nicht mehr. Es regt sich eine innere Sehnsucht, die uns wieder bereit macht, Strapazen und persönlichen Einsatz auf uns zu nehmen, um tiefere Befriedigung in unserem ganzen Wesen zu spüren.
Diese Einstellung gibt es meiner Beobachtung nach noch gar nicht so lange, erst in den letzten zwei bis drei Jahren, und sie wird jeden Tag stärker. Waren z. B. unsere Meditations-Trainingsteilnehmer früher eher auf Konsum von Seminaren, Entspannungstechniken etc. bedacht, wollten viele Sensationelles geboten erhalten, ohne sich selbst

anstrengen zu müssen, so gibt es jetzt diesen ganz neuen Trend. Viele Menschen, und nicht nur Frauen, wollen sich entdecken, in den bitteren Apfel der Selbsterkenntnis beißen und den mühsamen und disziplinierten Weg einer spirituellen Schulung gehen.

Es geht bei dieser Suche sicherlich auch um Sinnfindung, die vielen Menschen verloren gegangen ist. Sinn und tiefe innere Erlebnisse sind vielen Menschen die Anstrengung und den Einsatz von Zeit und Geld wert. Wir leben in einer spannenden Zeit des Auf- und Umbruchs, die zwar auch viele Gefahren durch Verführer für uns bereithält, doch auch viele echte Chancen.

Daher ist es mir wichtig, einige Hinweise für solche Suchenden zusammenzustellen und meine eigenen Erfahrungen in diesem weiten Feld zur Verfügung zu stellen. Wichtig ist mir auch, bevor man trachtet, eine spirituelle Schule zu suchen, bevor man sich auf diesen Weg begibt, die Entwicklung der eigenen Person nicht zu vergessen. Das wird leider nur zu oft gemacht. Bevor ich zu den Sternen fliegen will, muss ich auf Erden Ordnung machen, die Wunden und Verletzungen des Ich ansehen, aber auch die eigenen Möglichkeiten und Grenzen wahrnehmen, die eigenen Schattenseiten integrieren, die hellen Seiten ausbauen.

Wenn wir uns nicht selbst kennen, wenn wir in unserem Ich nicht Ordnung machen, besteht die Gefahr, dass wir unsere geistige Entwicklung auf Sand bauen. Ich glaube, dass es deshalb so viele Scharlatane, geistige Verführer gibt, weil wir zu wenig auf die Seriosität des Charakters, auf die Entwicklung der Person achten. Wir lassen uns blenden von Charisma, von Charme, von blendendem Äußeren, von außergewöhnlichen geistigen Fähigkeiten und sitzen damit immer wieder Blendern und Verführern auf.

Im Jahrhundert der Psychologie mutet es eigentümlich an, dass in vielen Bereichen noch immer kein Augenmerk und Wert auf eine reife und ethisch stabile Persönlichkeit gelegt wird. Bei den psychologischen Ausbildungen, der Auswahl der Kandidaten, bei der Berufswahl, bei der Einstellung von Führungspersönlichkeiten in der Wirtschaft wird oft – wenn überhaupt – vor allem auf die fachliche Qualifikation, jedoch viel zu selten auf den Reifegrad der Persönlichkeit Wert gelegt. So kann es passieren, dass hochqualifizierte, aber emotional infantil gebliebene Führungskräfte in den oberen Etagen mehr Schaden als Nutzen anrichten; und das nicht nur in den wirtschaftlichen Großkonzernen, sondern auch in den kirchlichen Institutionen.

Denn ich erlebe z. B. die römisch-katholische Kirche, der ich seit 40 Jahren treu diene, als einen zweitausend Jahre alten, von Männern beherrschten Großkonzern, der nichts mit Spiritualität, sondern sehr viel mit Macht und Durchsetzung eigener Ideen zu tun hat. Es freut mich immer, wenn ich die Liste der Heiligen und Mystiker durchgehe und merke, dass der göttliche Geist sich überhaupt nicht um die Vorliebe der Kirche für Männer kümmert, sondern ebenso viele Frauen mit seinem Geist erfüllt wie Männer; dass diesem Geist die kirchliche Unterscheidung zwischen Männern und Frauen völlig fremd ist – was aber von vielen kirchlichen Würdenträgern gar nicht bemerkt wird. Und daher drängen viele Menschen aus diesen kalten und leblosen, an Vorschriften, Ritualen und Ideologien interessierten Institutionen hinaus und begeben sich „auf den freien Markt", mit all seinen Gefahren. Sie verlassen das schützende Haus der Kirche, weil es zu eng und leblos geworden ist, und suchen geistige Erfüllung bei nicht autorisierten Gruppen, die ihnen das Heil versprechen.

Spiritualität und Persönlichkeit

Was muss man tun, damit die eigene Persönlichkeit ausgewogen, stabil und sicher wird, sodass wir *Unterscheidungskriterien* für Scharlatane und echte Meister finden? Muss jeder Mensch eine Psychotherapie oder Psychoanalyse durchlaufen, um einigermaßen über sich Bescheid zu wissen und andere ein wenig durchschauen zu können, um auf Blender nicht so leicht hereinzufallen? Gewiss nicht, doch sollte er das reichhaltige Schulungsangebot am Markt wahrnehmen, um sich selbst kennenzulernen. Wir schulen heute so viele Qualitäten und Fähigkeiten. Da wäre es wichtig, unserem Grundkapital, der eigenen Persönlichkeit, mehr Aufmerksamkeit

zu widmen. Sicher gibt es keine Garantie für Reife, für gelungene Entwicklung, die rechte Einstellung.
Wir sind immer wieder in Gefahr, in Ich-Fallen zu laufen, ganz gleich, auf welchem Entwicklungsstand wir uns befinden. Ich verstehe die Aufmerksamkeit und Angst der „alten Weisen", wie es z. B. die Wüstenväter waren, vor ihrem persönlichen Versucher. Sie geben uns unzählige Beispiele, wie nach dem Höchsten Strebende, ohne es gleich zu merken, schäbigste Dinge taten. Gerade die hohen Ideale sind für mich so etwas wie „Verführer". Man kann mit ihrer Hilfe einerseits vieles verdecken und brutalste Handlungen mit der eigenen Ideologie rechtfertigen, wie wir das etwa in der katholischen Kirche von der Inquisition her kennen. Andererseits ist das Streben nach Perfektion selbst eine Falle, weil wir dann unsere Endlichkeit, unsere Hinfälligkeit, unsere Bedürftigkeit nicht sehen wollen. Wir wollen Gott gleich sein, herrlich, unfehlbar, perfekt. Schon das Streben danach hat den Wurm in sich.
Diese Art der Spiritualität nennt man *„Spiritualität von oben"* (siehe dazu auch das hervorragende Büchlein von *Anselm Grün*, „Spiritualität von unten"). Die große Gefahr bei der Spiritualität von oben sehe ich darin, dass sie auf das *Menschliche* keine Rücksicht nimmt. Ein gutes persönliches Beispiel dafür gibt uns *Ram Dass* (Richard Alpert) in seinem persönlichen Bekenntnis seines Weges als Guru, wo er schonungslos seine Fehlhaltungen aufzeigt (Meister, Gurus, Menschenfänger, S. 103–118).

> „Vor zehn Jahren war ich sehr darauf fixiert, etwas Besonderes zu sein. Damals war ich, was ich jetzt als einen ‚Scheinheiligen' bezeichnen würde."

Dabei zeigt er auf, dass er alle rein menschlichen Anteile nicht mehr gezeigt hat, alles Schwache unter den Teppich gekehrt hat, um den idealistischen Anforderungen seiner Anhänger und seiner selbst gerecht zu werden.

> „Man lächelt viel, und man ist sehr wohlwollend – die Rolle des heiligen Mannes. Alle Teile von mir, die nicht zu dieser

> Rolle passten, kehrte ich unter den Teppich, um so sein zu können, wie alle mich haben wollten. Und auch ich wollte mich so haben."

Dadurch wird die Gefahr des Hochmutes und des Glaubens an die eigene Großartigkeit gestärkt. Alle narzisstischen Fehlhaltungen werden durch eine solche Einstellung gefördert. Mir scheint, dass diese Form der Spiritualität den Männern besonders liegt; vielleicht auch Frauen, die ein eher männlich orientiertes Selbstbild haben.
Einen ganz anderen Zugang zu uns finden wir in der *„Spiritualität von unten"*, wo wir gerade bei unseren Grenzerlebnissen, wenn wir uns hilflos, ausgeliefert, unfähig vorkommen und das annehmen, Momente der Gnade erfahren, uns den „höheren Kräften" überantworten. Dann sind *nicht wir* es, die eine Wandlung herbeigeführt haben, sondern sie ist uns geschehen. Das führt viel eher zu Bescheidenheit, Demut und Wahrhaftigkeit als der Glaube, wir könnten uns selbst erlösen, wir könnten perfekt werden, wir könnten uns wirklich verändern. Das Annehmen unserer dunklen Seiten ist eines der Geheimnisse reifer Persönlichkeiten. Jene, die ihre Schatten ausblenden, wirken leblos und flach. Jene, die um ihre schattenhaften, als böse erlebten Anteile wissen und diese akzeptieren und integrieren, wirken tief und voll.

Auch *Ram Dass* zeigt diese Fehlhaltung in seinem Leben auf:

> „Ich benutzte meine spirituelle Reise in psychodynamischer Hinsicht, um mich von Teilen von mir zu distanzieren, die ich nicht als Bestandteile meines Wesens zu akzeptieren vermochte."

Es geht also bei Reife und psychologischer Arbeit an uns selbst darum, alle Aspekte des eigenen Wesens zu akzeptieren und die beiden Seiten, die helle und dunkle, zu sehen. Auch die geistige Führung von *Ram Dass* rät ihm genau das: *„Akzeptiere deshalb die Störungen in dir."*
Es geht darum, jene Anteile, die man nicht an sich schätzt, neutral zu sehen; die gegenpoligen Eigenschaften gleichermaßen wertzu-

schätzen, das Funktionale gleichermaßen wie das Personale, das Ordnungszentrierte genauso wie das Kreative in uns. Viele Menschen schätzen nicht, was sie selbst im Übermaß besitzen, und möchten lieber das, was sie bei anderen als positiv erleben, aber wahrscheinlich nie erreichen können.
Oder aber sie überschätzen ihre eigenen Fähigkeiten und achten den anderen gering; da gibt es alle Spielarten. Menschen, die sehr ordnungsliebend sind, verabsolutieren oftmals diese Eigenschaft und verachten andere, die eher kreativ chaotisch sind; sie unterdrücken damit bei sich ebenfalls diese so wichtigen flexiblen Qualitäten. Ich habe das schon als Kind bei meiner sehr tüchtigen und perfektionistischen Mutter erlebt, die niemand neben sich gelten ließ, der nicht annähernd so ordnungswütig war wie sie selbst.
Im Folgenden versuche ich zu zeigen, welche Gegenpole wir in uns akzeptieren und wertschätzen sollten, damit sie sich in uns entfalten können.

Das magische Dreieck

Seit mehr als 20 Jahren beschäftige ich mit einem einzigen Satz aus der Bibel, den ich das magische Dreieck nenne: „Liebe Gott und deinen Nächsten wie dich selbst." Ein Satz, der uns allen geläufig ist, und zwar so, dass wir gar nicht mehr darüber nachdenken. Doch bei näherer Betrachtung offenbart sich dieser Satz als ein Grundgesetz menschlichen Lebens, das wir noch immer nicht genügend ausgeschöpft haben und dem wir eigentlich noch gar nicht ernstlich folgen.

Abb. Nr. 6:
Das magische Dreieck

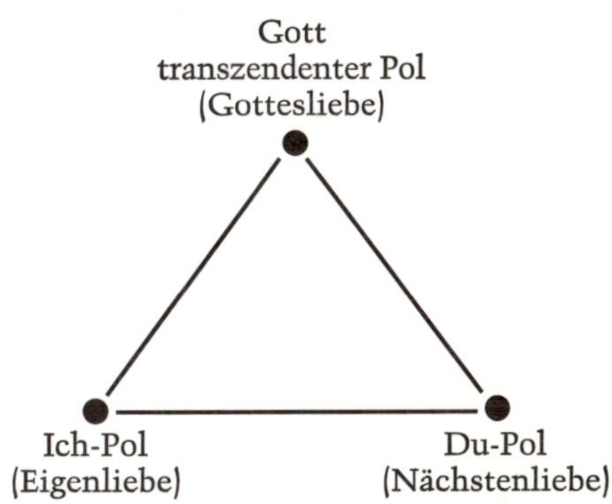

Wir meinen nun, dass dieser Satz ohnehin eine Selbstverständlichkeit ist, doch wir leben nicht danach. In meinem Skriptum „Psychologie und Religion", (1993) habe ich versucht, zu zeigen, dass wir, durch unterschiedliche Systeme beeinflusst, nur einen Teil dieser umfassenden Anweisung leben und so Schaden an unserer Person nehmen. Diese drei Aspekte unseres Lebens gehören zusammen, ergänzen einander und sollen in Balance sein. Keiner sollte überwertig sein.

Die religiösen Systeme, vor allem die christlichen Religionen, vermitteln uns seit Jahrhunderten, dass es wichtig ist, Gott und den Nächsten zu lieben – vor allem für Frauen. Sie vergessen oft und gerne auf die Stärkung des Ich und die Liebe zum Ich. Ichschwache Menschen sind leichter zu manipulieren und beugen sich daher auch leichter den Vorschriften – auch den unsinnigen – eines Systems, das gibt ihnen Sicherheit. Das passiert vor allem in jenen spirituellen Gruppen, die von einem verführerischen und machthungrigen Guru geführt werden. Dieser kann mit infantilen, unreifen, ichschwachen und daher auch kritikarmen Mitläufern mit solchen destruktiven Methoden eher durchkommen als bei ichstarken Personen, die reflektieren können, ein gutes Quantum Kritikfähigkeit und Klarheit entwickelt haben und zu ihrer eigenen Meinung stehen.

Aber auch in den traditionellen kirchlichen Institutionen werden ichschwache Menschen eher bevorzugt, weil sie einfacher zu führen sind. Gerade in der katholischen Kirche waren es immer wieder die ichstarken Heiligen, die den kirchlichen Institutionen Schwierigkeiten gemacht haben; in echter Nachfolge Christi, der sicher auch kein pflegeleichter Zeitgenosse war. So ist es auch verständlich, dass eine Teresa von Avila zweimal vor die Inquisition geladen wurde, weil ihr Weg für die herrschende damalige Geistlichkeit völlig unverständlich, weil außergewöhnlich war. Viele damalige Priester verstanden ja von echter Spiritualität nichts, es wurde ihnen auch keinerlei Schulung in dieser Hinsicht geboten.

Sind die Ich-Qualitäten wie eigener Wille, Kritikfähigkeit, Zielstrebigkeit, Genussfähigkeit, Wahrnehmen und Befriedigen der eigenen

Bedürfnisse – um nur einige zu nennen – zu wenig ausgebildet, sieht diese Person immer nur auf andere, unterwirft sie sich dem Willen der anderen, ist dem Willen und der Erkenntnis seiner Vorgesetzten oder auch Familienmitglieder ausgeliefert. Dann sieht es aber mit der Liebe zu Gott und den Menschen auch schlecht aus. Ich habe bereits die Auswirkungen von Ich-Schwäche beschrieben und kann nicht genug darauf hinweisen. Gerade in Kreisen, die hohen Idealen folgen, die nach dem Höchsten streben, ist der Irrtum noch immer verbreitet, dass man sein Ich gar nicht entwickeln darf.

Bevor noch die Ich-Entwicklung richtig einsetzt, wollen diese Personen schon das Ich transzendieren, was aber nicht nur nicht möglich, sondern auch schädlich ist. Denn wenn wirklich spirituelle Kräfte in die Seele einströmen und diese nicht stark genug ist, die Ich-Stärkung nicht vollzogen wurde, kann es zu unliebsamen Erscheinungen kommen. Die unbewussten narzisstischen Impulse und Kompensationen setzen sich durch. Mögliche geistige Kräfte, die auf diesem schwachen Ich-Untergrund erworben werden, schaden mehr als sie nützen. Das kann sich bis zu einer Psychose auswachsen.

Auch spirituelle Verführer weisen zumeist Ich-Defekte auf, die aber nicht leicht erkennbar sind und daher erst nach längerer Zeit offenbar werden. Typisches Zeichen für diese Defekte ist die Art, wie sie mit ihren Schülern und „Gläubigen" umgehen. Sie fördern bei diesen nicht die Entfaltung der Persönlichkeit, sondern im Gegenteil die Abhängigkeit. Sie selbst müssen ihre eigenen Ideen und Erkenntnisse verabsolutieren, ertragen daher auch keine Art von Kritik und zwingen ihren „Nachfolgern" ihren Willen und ihre Ideen als absolute Wahrheit auf. Sie benutzen jene, die ihnen vertrauen, die sich selbstlos in ihre Hand geben, in selbstsüchtiger Weise. Ich-schwache Menschen sind besonders gefährdet, solchen Verführern auf den Leim zu gehen, weil sie den Illusionen nachlaufen, von nüchterner Selbsterkenntnis eigentlich wenig wissen wollen und den trügerischen Versprechungen von Menschenfängern ganz leicht aufsitzen. Denn diese versprechen ihnen ein problemloses Leben und Glück immerdar, was es auf dieser Erde gar nicht geben kann.

Ganz anders gehen *psychologische Schulen* mit diesem Grundgesetz „Liebe Gott und deinen Nächsten wie dich selbst" um. Vor allem die tiefenpsychologischen Schulen haben vorrangig die *Stärkung des Ich* der Klienten und Patienten im Sinn. Viele akzeptieren noch immer nicht, dass es eine transzendente Dimension geben könnte. Daher fällt die Gottesliebe in diesem System automatisch weg. Aber auch die Nächstenliebe wird je nach Schule und Reife des Therapeuten in unterschiedlichem Ausmaß meist sehr wenig gepflegt, was dann bei Paarkonflikten sichtbar wird.

Herzogenburger Arbeitskreis

Es könnten daher die Theologen von den Psychologen lernen und umgekehrt. Beide Berufsgruppen sind daran interessiert, ihren Klienten Hilfen zu geben, um leichter und besser zu leben. Beide Gruppen könnten daher einander ergänzen; dort, wo die Grenze der einen beginnt, könnte die andere Gruppe mit ihren Methoden einsetzen.

Psychologen, vor allem aber Psychotherapeuten, fühlen sich besonders berufen und aufgerufen, dem Menschen Hilfen zur Ich- und Du-Entwicklung zu geben. Die Theologen sind bemüht, den Gläubigen mit ihren Methoden zu einer persönlich erlebten Transzendenz zu führen, ohne die beiden Aspekte der Eigen- und Nächstenliebe außer Acht zu lassen. Dies ist der Idealfall.

Um die Begegnung dieser beiden Berufszweige zu fördern, gründete ich zusammen mit Propst Fürnsinn vom Stift Herzogenburg einen Arbeitskreis, bei dem sich Theologen und Psychotherapeuten zweimal jährlich einen Tag lang zu einem Dialog treffen. Der Arbeitskreis wurde 1995 gegründet. Seither haben wir bereits mehr als zehn Arbeitskreise mit unterschiedlichen Teilnehmern und Themen durchgeführt. Als Einstiegsthema wählten wir im April 1996 „Welche psychotherapeutischen und theologischen Methoden sind für den Klienten gefährlich?". Die Referenten waren Pfarrer Johann Koller für den theologischen Part und Prof. Dr. Peter Gathmann für den psychotherapeutischen Teil. (Die Dokumentation der ersten zehn Arbeitskreise ist bei der Arbeitsgemeinschaft für Präventivpsychologie, Wien, zu erhalten.)

Der Tag wird so gestaltet, dass vormittags je ein Vortrag von einem Theologen und einem Psychotherapeuten zum gleichen – von der Gruppe vorher festgelegten – Thema gehalten wird. Es wird also von verschiedenen fachlichen Seiten aus beleuchtet. Nach einem gemeinsamen Mittagessen, bei dem das persönliche Gespräch gepflegt wird, gehen wir am Nachmittag in Arbeitsgruppen, um fachlichen Austausch zu pflegen. Es geht dann nicht mehr um Theorie, sondern um die Praxis im beruflichen Alltag. Wir lassen uns als Psychotherapeuten und Theologen auf das Abenteuer ein, ganz offen über unsere Methoden, Schwierigkeiten und Erfolge bei einem ganz bestimmten Thema oder Problem zu sprechen.
Wir scheuen uns nicht, unsere persönlichen Eindrücke und Erlebnisse preiszugeben. So lernen wir voneinander. Die Offenheit, Klarheit, Kritik, Selbstkritik und auch der lockere Humor geben der Gruppe eine ganz besondere Atmosphäre. Man fühlt sich sofort in diesen Gruppen wohl. Es ist viel persönliche Begegnung und Heiterkeit, Leichtigkeit und harte Auseinandersetzung möglich. Ich danke allen, die sich auf dieses Experiment eingelassen haben. Ich habe in diesen Jahren des Dialogs viel von den Theologen gelernt, und zwar Dinge, die ich noch bei keiner Ausbildung gehört habe und auch bei Gesprächen mit Theologen nicht erfahren habe.

Grunddimensionen des Lebens

Erst vor einigen Jahren wurde mir aber klar, dass dieses magische Dreieck einen stabilen Unterbau benötigt, der mit unserer Charaktergrundstruktur zu tun hat. Ich hatte eine Schulung in einem Frauenkloster angenommen, wo wir uns mit den vier Charaktergrundstrukturen nach F. Riemann beschäftigten. In einer Seminarpause ging ich in die Kapelle und überließ mich meinen Eindrücken und Gedanken. Dort fiel mir der Tabernakel auf, und mir wurde schlagartig die Verbindung zwischen dem magischen Dreieck und den Charaktergrundstrukturen klar. Das Dreieck baut sozusagen auf einem ausgewogenen Charakter auf. Ist dieser nicht vorhanden, wird das „Dreieck" schief.

Abb. Nr. 7:
Tabernakelnachbildung:
Dreieck und
Lebensgrunddimensionen

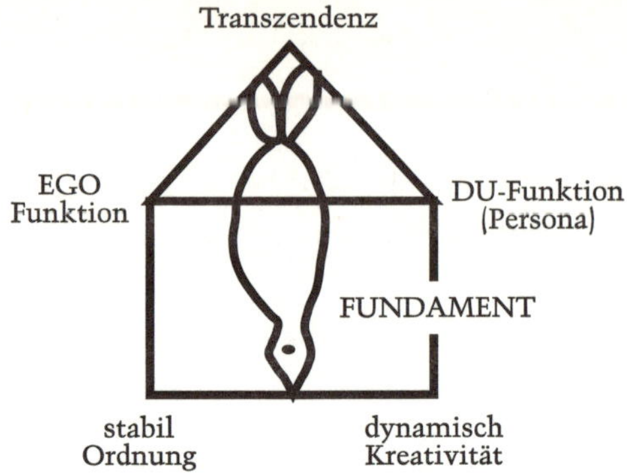

In dieser Darstellung zeigt sich, dass der Heilige Geist von oben nur herabsteigen kann, wenn sowohl das Dreieck als auch das Quadrat in Ordnung sind. Wie kann dieses Bild in die fachliche Realität umgesetzt werden? In seinem Buch „Grundformen der Angst" versucht *F. Riemann*, die in der Psychiatrie bekannten Fehlentwicklungen bestimmter Charaktertypen, die sich in ganz bestimmten Formen zeigen, sehr differenziert aufzuzeigen. Die Psychiatrie hat ja seit S. Freud immer wieder am Krankhaften, an den Fehlentwicklungen gelernt. Daher ist der Blick vieler Psychotherapeuten – vor allem der klassischen Schulen – auch immer wieder auf Krankheitssymptome und psychische Störungen gerichtet.
In meiner Arbeit in der Wirtschaft stellte ich aber fest, dass dies dem Laien Angst macht und er eigentlich damit wenig bis nichts anfangen kann. Daher versuchte ich, „die andere Seite" der Charaktergrundstrukturen zu erkennen, und bemerkte, dass es sich dabei um Grundgesetze nicht nur menschlichen Lebens handelt. Bei den von mir entwickelten Lebensgrunddimensionen geht es also nicht nur um die charakterlichen Grundlagen des Menschen, sondern um viel mehr. Es sind Grunddimensionen, die allem Lebendigen innewohnen. Es gibt für sehr viele Systeme zwei Dimensionen, die mit Realitätsbewältigung zu tun haben; ganz gleich, ob es sich um eine Zelle, um einen Betrieb, um einen Menschen handelt:

1. Realitätswahrnehmung
2. Realitätsbewältigung

Realitätsinhalte

Wir können von den angebotenen Realitätinhalten – bewusst oder unbewusst – auswählen, was wir wahrzunehmen wünschen. Das hat mit Anlage und Erziehung zu tun. Die Realität könnte man groberweise mit funktionalen Informationen gleichsetzen oder aber mit personalen Informationen. Daraus ergeben sich die beiden extremen Pole der Realitätswahrnehmung und somit auch die beiden Grundcharaktertypen, der funktionale und der personale Typ.

Abb. Nr. 8:
Inhalte der Realität

Funktional:	Personal:
Sachzentrierter Typus	Personenbezogener Typus

Wir haben es mit zwei Extrempolen der gleichen Wirklichkeit zu tun. Denken wir uns ein Wolfsrudel, dem die bisherige Nahrungsbasis entzogen wurde. Kann sein, dass ihre Hauptnahrungsquelle, die Rehe, eine Krankheit bekamen und ausstarben oder eine andere Umweltveränderung ihre Existenz bedroht. Das Erste und Wichtigste für diese Tiere ist es, sich umzusehen, ob es in den angrenzenden Revieren genügend Nahrung gibt und wie die Besetzung durch andere Wolfsrudel dort aussieht. Es ist also wichtig, dass die sachliche Information über die Situation möglichst rasch und effizient beschafft wird. Vielleicht wird ein Wolf auf Erkundung ausgeschickt. Wenn dann die sachliche „Marktlage" klar geworden ist und die Chance besteht, das andere Revier und somit auch die Nahrungsquelle zu übernehmen, muss eine Strategie gefunden werden, um den Feind zu überwinden. Dazu gehört aber der Zusammenschluss der Gruppe, damit jeder seinen Platz einnimmt und alle zusammenhalten, damit das soziale Gefüge und auch die Kommunikation zwischen den einzelnen Teammitgliedern des Rudels funktionieren. Gibt es Spannungen und unlösbare Probleme, wird in dieser schwierigen Situation die Eroberung des neuen Reviers nicht gelingen. Es geht beim Überleben dieses Rudels darum, sowohl Funktionales als

auch Personales im Griff zu haben. Ein Entweder-oder ist in einer solchen Situation tödlich.
Genau darum geht es auch in unserem Leben, nämlich, dass wir in schwierigen Zeiten, aber auch in unserem Alltag Sachinhalte von unserer Umgebung erhalten und möglichst gut verarbeiten. Wir müssen aber auch die personalen Impulse erfassen und richtig deuten können.
Dem entsprechen dann auch zwei diametral unterschiedliche Grundcharaktertypen:

1. der sachbezogene oder funktionale Typ, den ich den *„kühlen Denker"* nenne,
2. der personale oder menschbezogene Typ, den ich als *„warmen Menschenfreund"* bezeichne.

Nr. 1: Der sachzentrierte Typus

Dieser Typus wird in der tiefenpsychologischen Fachliteratur der *schizoide Typus* genannt, weil Menschen, die vorwiegend diese Dimension ausgebildet haben, zu einer geistigen Grundkrankheit neigen, die wir Schizophrenie nennen. Er ist für mich der

Kühle Denker:
Personen, die eine Anlage zu sachlicher Weltbetrachtung haben, zeigen auch ein ganz bestimmtes körperliches Erscheinungsbild, wobei sich dieser Typus mit der Einteilung des Psychiaters Kretschmer fast deckt. Denn auch er versuchte, die menschliche Natur in vier unterschiedlichen Charaktertypen zu fassen, die jeweils bestimmte körperliche und seelische Erscheinungen zeigen. Der *leptosome Typ* (von Kretschmer) entspricht einigermaßen dem schizoiden Typ (von Riemann) bzw. dem von mir genannten „kühlen Denker". Dieser verarbeitet alle Außenreize schlecht. Wenn er etwas isst, wird er nicht dick, sondern bleibt hager. Wenn man ihm Gefühl entgegenbringt, merkt er es nicht einmal. Genuss ist ihm relativ fremd. Seine persönliche Ausstrahlung ist kühl und unpersönlich; interessiert ist er eigentlich vor allem an Sachinhalten, und

er redet auch immer sehr sachlich. Emotionale Äußerungen sind ihm verhasst.
F. Riemann beschreibt diesen Typus in seinen „Grundformen der Angst" folgendermaßen:

> „Auf die Umwelt wirken solche Menschen fern, kühl, distanziert, schwer ansprechbar, unpersönlich bis kalt, oft scheinen sie seltsam, absonderlich in ihren Reaktionen unverständlich oder befremdend."

EIGENSCHAFTEN
Da er vor allem die sachliche Seite der Realität wahrnimmt, ist die Sachbezogenheit seine hervorragendste Eigenschaft. Menschen, die einen Überhang an Funktionalem haben, sind brillante Analytiker. Sie können rasch und problemlos die Grundstruktur einer Situation erfassen und lassen sich von Nebensächlichkeiten nicht ablenken. Daher finden wir viele Menschen mit einem Überhang an diesen Eigenschaften sowohl bei den Naturwissenschaftlern, aber auch in der Wirtschaft, an jenen Stellen, wo Analyse wichtig ist.
Durch diesen guten Sachbezug und die Scheu vor Menschen sind sie eher autark und erleben ihre Isolation gar nicht als Einsamkeit. Sie sind zufrieden, allein mit einem Sachproblem zu sein. Sie lesen lieber ein Sachbuch, als zu einem Freund auf Besuch zu gehen, außer sie diskutieren mit ihm wieder auf der Sachebene.

Positive oder helle Seite des sachzentrierten Typus
Seine hervorragendste Eigenschaft ist die Exaktheit im Sachlichen. Er lässt sich von persönlichen Gefühlen, Meinungen nicht beeindrucken, sondern ist in seinem Denken, der Analyse unbestechlich. Das *Denken* ist seine Stärke, das Fühlen seine Schwäche. Im Denken ist er eigenständig, unabhängig und besticht durch seine differenzierte Kritikfähigkeit. Diese Kritik kann Personen gegenüber sehr kalt und messerscharf wirken, da er sich nie durch persönliche Motive beeindrucken lässt.

F. Riemann dazu:

> „So ist es für diese Menschen charakteristisch, dass sie, bei oft überdurchschnittlicher Intelligenzentwicklung, im Emotionalen zurückgebildet wirken; das Gefühlshafte bleibt bei ihnen oft unterentwickelt, ja zuweilen verkümmert."

Viele von uns kennen solche Menschen, die ihre Emotionen hinter einer Glaswand verstecken. Man redet mit ihnen und wartet auf eine entsprechende Reaktion; und es kommt keine. Man spürt diese Menschen nicht; man ahnt nicht, wie ihre Emotionen aussehen. Das führt auch gleich zu ihrer Schattenseite, mit der ihre Umwelt Schwierigkeiten hat.

Negative oder dunkle Seite des sachzentrierten Typus

Die Menschen mit einem Überhang in dieser Charakterstruktur wirken distanziert, kühl, sie sind unpersönlich und so trocken wie ihre Haut. Sie sind zu positiven Gefühlsäußerungen unfähig und können weder Zuwendung noch Zärtlichkeit zeigen. Als wesentliches Merkmal – um bei der Terminologie eines F. Riemann zu bleiben – ist ihre *Angst vor Nähe.* Sie können menschliche Nähe nicht ertragen und brechen bei Annäherung entweder den Kontakt zum anderen ganz ab, oder aber sie verletzen ihn durch Zynismus und ätzenden Witz.

Ich hatte eine Schwiegermutter, die ziemlich exakt diesem Typus entsprach. Sie war eine zarte, zähe, faltige Frau, die zwar nicht gebildet, aber hochintelligent war und ihre Distanziertheit hinter einer Maske der Freundlichkeit und des ewigen Lächelns verbarg. Kam man ihr emotional aber zu nahe, dann konnte man sich ihrer bitterscharfen Zunge sicher sein. Sie verletzte tödlich. Als sie einmal bei Bauern freundlich aufgenommen wurde und diese immer wieder besuchte, merkte ich erstmals, welche Angst vor Nähe sie wirklich hat. Als diese freundlichen, lieben Menschen, die meine Schwiegermutter ins Herz geschlossen hatten, sie ohne Vorwarnung in Wien in ihrer Wohnung besuchten, brach meine Schwiegermutter – die jetzt schon über zehn Jahre tot ist – jeglichen Kontakt mit diesen Menschen ab. Damals verstand ich ihre Handlung noch nicht. *F. Riemann* beschreibt diese Eigenschaft sehr treffend:

> „Zärtlichkeit artet leicht in ‚Dem-Partner-Wehtun' aus, in hartem Zugriff oder sonstigem Zufügen von Schmerzen."
> „Nicht selten zerstört der schizoide Partner auch alle zärtlichen Regungen bei sich und dem Partner durch Zynismus, um sich von ihnen nicht erfassen zu lassen. In einem Augenblick besonders inniger Zuwendung des Partners trifft er diesen an seiner verletzlichsten Stelle, indem er seine Haltung, seinen Gesichtsausdruck oder seine Worte ironisierend ins Lächerliche zieht" (S. 30).

Jeder Mensch hat auch einen solchen Anteil in sich. Je nach Anlage, Förderung in der Kindheit und Jugend hat er ihn besser oder schlechter ausgebildet. In meinen jahrelangen Schulungen merke ich immer wieder, dass Männer eher auf diese Dimension hin geschult werden und bei Frauen eher die personale Dimension gefördert wird.

Nr. 2: Der personenbezogene Typus

Dieser stellt einen Gegenpol zum Sachzentrierten dar. Er wird in der tiefenpsychologischen Fachliteratur als *depressiver Typus* bezeichnet, weil Menschen, die diese Grundeigenschaften besonders ausgebildet haben, zu depressiven Verstimmungen neigen. Als symbolische Formulierung für diesen Charaktergrundtypus spreche ich vom

warmen Menschenfreund:
Sein äußeres Erscheinungsbild ist ein Gegenbild zum Sachzentrierten. Er ist nicht hager, trocken, sondern rosig, füllig, die Haut ist gut durchblutet. Er wirkt in jeder Weise sinnlich. Alles, was auf ihn zukommt, wird von ihm freudig aufgenommen und gespeichert: Essen, Gefühle etc. Das schlägt bei ihm auch körperlich zu Buche. Er ist einer, der gerne isst, trinkt, sich an Schönheit und Natur erfreut. Das Wichtigste in seinem Leben sind Beziehungen. Seine

Ausstrahlung ist warm und herzlich, und man möchte gerne in seiner Nähe sein. *F. Riemann* charakterisiert ihn folgendermaßen:

> „Für die erstrebte Harmonie und ungetrübte Nähe muss der Depressive nun seinerseits ‚gut' sein und befleißigt sich daher aller altruistischen Tugenden: Bescheidenheit, Verzichtbereitschaft, Friedfertigkeit, Selbstlosigkeit, Mitgefühl und Mitleid, um nur die wichtigsten zu nennen."

EIGENSCHAFTEN

Er hat wie jeder Typus helle und dunkle Eigenschaften. Sein wesentliches Grundmuster ist seine starke Menschbezogenheit. Er will nur eines: „Alle lieben und von allen geliebt werden." Darin liegt seine Stärke und auch seine Schwäche und Verletzlichkeit. Durch diese starke Du-Bezogenheit sind ihm die anderen mit ihren Wünschen, Ansprüchen und Bedürfnissen wichtiger als er sich selbst. Er ist einfühlsam und opferbereit und setzt sich für andere bis zum Zerbrechen ein; er nimmt nie Rücksicht auf sich selbst. Er zeichnet sich daher in den Sozialberufen besonders aus, da er bei anderen Gefühle richtig nachvollziehen und deuten kann. Er ist wie ein Seismograf, indem er alles spürt, was der andere fühlt und selbst oft gar nicht ausdrücken kann. Wenn ihm bewusst wird, welch großen Wert die Gefühlsinformtaion für ihn hat, ist er vielen anderen überlegen und in der betrieblichen Wirklichkeit ein wichtiger und wertvoller Mitarbeiter.

Er kann in einer Gruppe genau sagen, was läuft. Er lässt sich durch Täuschungsmanöver nicht irre machen, weil er das darunter liegende Gefühl oder die Spannung ganz genau wahrnimmt. Er ist im Gefühlsbereich schwer zu täuschen. Doch er stellt sein Licht oft unter den Scheffel, ahnt auch gar nicht, welchen Schatz sein Gefühlsleben darstellt. Diesen Schatz kann er nur heben, wenn er die ganz andere Seite seines Wesens, die sachorientierte, entwickelt. Eine seiner wichtigsten Eigenschaften ist, dass er nicht nur menschbezogen und hingabefähig ist, sondern, dass er *Nähe braucht*. Wenn man Nähe durch Distanz ersetzt, gerät er in Panik. Er kann Distanz nicht aushalten, was ihn für Führungspositionen unbrauchbar macht; außer er lernt dazu. Er würde die anderen am liebsten verschlingen, um sie nicht in die Distanz entlassen zu müssen. Hier ist er der echte Gegenpol zum Sachzentrierten, der Nähe nicht aushalten kann.

Positive oder helle Seite des personenbezogenen Typus

Er ist warm und einfühlsam, kann Zuwendung zeigen. Er kann mild und gütig sein, sich für andere aufopfern, ist ein angenehmer Kooperationspartner, vor dem man nie Angst haben muss. Man fühlt sich bei ihm verstanden und gut aufgehoben. Er kann gut zuhören, und daher kann man gut mit ihm reden. Er hat viel Empathie. Man muss ihn einfach gern haben.

F. Riemann beschreibt ihn so:

> „Liebe, Liebenwollen und Geliebtwerdenwollen ist dem depressiven Menschen das Wichtigste im Leben: Hier kann er seine besten Seiten entwickeln, hier liegen zugleich seine größten Gefährdungen" (S. 71).

Negative oder dunkle Seite des Typus

Da Menschen, die diese Seiten ihres Charakters besonders stark ausgeprägt haben, besonders unter Zurückweisung und Ablehnung leiden, fällt es ihnen – auch in der betrieblichen Wirklichkeit, in der Familie und bei Freunden – sehr schwer, *Nein* zu sagen. Sie können sich gegenüber dem anderen nur schwer bis gar nicht abgrenzen. Sie wirken in dieser Hinsicht weich und nachgebend. Wenn sie dem anderen ein Nein sagen sollen, haben sie Angst, seine Zuneigung und Gewogenheit zu verlieren; sie meinen, ohne diese nicht leben zu können. Daher kann der Personbezogene auch sehr schwer sachliche Kritik äußern. Er neigt eher dazu, die Fehler seiner Mitmenschen zu verdecken und zu entschuldigen, weil er fürchtet, den anderen durch Verletzung zu verlieren. Dadurch ist der Mensch, der eine besonders starke Ausprägung in dieser Hinsicht hat, unkritisch und eher unsachlich. Sein Urteil wird von anderen im sachlichen Bereich nicht geschätzt.

F. Riemann zeigt diese Schwäche folgendermaßen auf:

> „Dadurch entwickelt er zu wenig Fantasie für das Böse im Menschen – im anderen und in sich selbst; denn um so restlos vertrauen und uneingeschränkt lieben zu können, muss er Zweifel und Kritik unterdrücken, lässt er sie gar nicht bewusst werden" (S. 66).

Jeder dieser zwei Pole, der funktionale und der personale, hat seine hellen und dunklen Seiten, die von uns akzeptiert werden müssen. Es gibt die Möglichkeit, die dunkle Seite eines überwertigen Pols zu verringern, indem wir den Gegenpol, der ja ebenfalls in uns angelegt ist, entwickeln.

Wie meine ich das? Ein besonders sachzentrierter Mensch, der den ersten Typus extrem ausgebildet hat, wirkt kalt, distanziert und auch in mancher Hinsicht leblos und hölzern. Er hat aber die andere Seite, die weiche, sanfte, zarte, auch in sich. Nur aus irgendwelchen Gründen – mögen sie in der Kindheit liegen – verachtet er den gefühlsbetonten Anteil; oder aber er hat Angst vor ihm, weil die Gefahr der Verletzung eher gegeben ist. Daher entwickelt er diesen Anteil nicht, schließt ihn aus. Wenn er aber begreift, dass emotionale Information genauso wichtig ist wie funktionale, wenn er sich auf diese seine zarte, warme Seite einlässt, wird er merken, dass er viel mehr als früher wahrnimmt und daher Probleme – vor allem emotionaler Natur – viel besser lösen kann.

Seine klare, kritische und analytische Art wird viel reichere Früchte tragen.

Hingegen wird jemand, der vor allem seine emotionale Seite gepflegt und entwickelt hat, bei Sachproblemen große Schwierigkeiten bekommen, weil er nicht fähig ist, diese nüchtern zu lösen, sondern immer wieder Gefühle, die gar nicht dazugehören, ins Spiel bringen. Es wird ihm auch schwer fallen, wenn er dabei den anderen in seine Schranken weisen muss. Eine zunehmende Versachlichung hilft ihm, diese kühle und eher harte Seite in sich zu entwickeln. Daher wird seine Menschlichkeit nicht mehr so schwammig weich wirken, sondern eher einen festen Kern erhalten.

Magisches Dreieck und Geschlecht

Bei der Beschreibung unserer Mann-/Frau-Rolle in den letzten 200 Jahren, die wir in einem interdisziplinären Forschungsprojekt vorgenommen haben, ist mir aufgefallen, dass das *Magische Dreieck*, das ja bis nach dem Mittelalter für Mann und Frau, also für den Menschen allgemein gegolten hat, in der Neuzeit durch den Wegfall der spirituellen Komponente in unserer Gesellschaft zerbrochen ist. Vor allem in der bürgerlichen Gesellschaft des vorigen Jahrhunderts hat sich eine Rollendefinition ergeben, bei der Männer vor allem den egozentrierten und sachlichen Pol in sich gefördert haben. Männer waren ausschließlich für Beruf und Außenbereich programmiert, und da ging es hauptsächlich um Durchsetzung. Daher wurden die menschlich warmen Eigenschaften in den Hintergrund gedrängt und Männer (von ihren Müttern) zu harten, durchschlagskräftigen Machos erzogen, die eine Familie ernähren und schützen konnten und sich im Lebenskampf behaupten mussten. Auf diese Tatsache verweise ich bereits in meinem Buch „Die Besseren Zwei" (1987).

Wie dieses ideale Dreieck in einem langsam fortschreitenden Prozess gesprengt wurde, beschreibt Horst Eberhard Richter in seinem Buch „Der Gotteskomplex": „Offensichtlich hat sich während des Mittelalters das Gefühl kindlichen Beschütztseins zunehmend vermindert, wie umgekehrt das Bedürfnis angewachsen ist, sich eigene Machtmittel anzueignen, um die Stimmung der Unheimlichkeit zu bannen. Angst und Einsamkeit in einem bedrohlich unbekannten Universum führen zu einer Reaktion, die aus dem Indivudualbereich durchaus geläufig ist."

Die Spitze des Dreiecks ist abgebrochen, der Pol der Gotteszuwendung, des Gottvertrauens und der Gottesliebe ist mit dem Pol der Egozentrik verschmolzen und hat ein völlig neues Menschenbild hervorgebracht: den Übermenschen.

„Dieser Egozentrismus ist das Produkt der Einverleibung des einen großartigen Gottes, wie ihn die lange monotheistische Glaubenstradition geprägt hatte. Der Mensch verwandelt sich selbst in ein Abbild dieser Gestalt und sieht sich fortan als eine in sich und von anderen vollständig abgeschlossene Einheit", merkt H. E. Richter an.

Abb. Nr.9:
Zerbrechen des Magischen Dreiecks

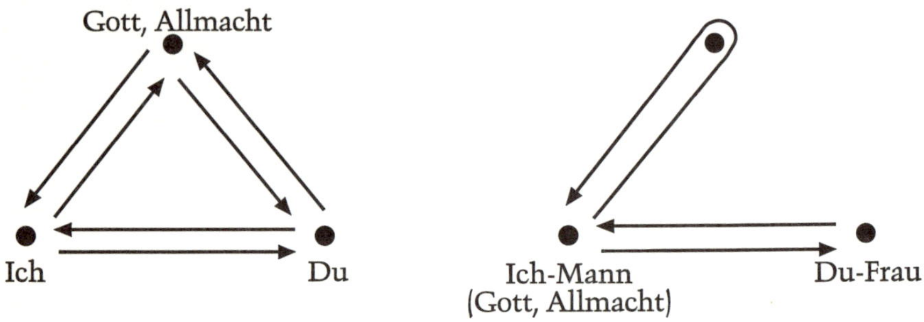

„So wurde jeder gewissermaßen sein eigener Gott!" Behauptet Richter. Aber dieser Satz hat einen Schönheitsfehler, denn diese Entwicklung haben nicht alle Menschen durchgemacht. Sie betrifft nur den Mann. Beim Auseinanderbrechen des Dreiecks wurde der Gottes-Pol dem Ego-Pol zugeordnet, und dieser wurde in unserer Gesellschaft vom Mann besetzt. Der Pol der Du-Zentrierung wurde der Frau überlassen (zugeschoben), damit einigermaßen die gesellschaftliche Balance des Gesamtsystems erhalten bleibt.
Knaben werden für den Kampf, das Angreifen, Erobern und Sich-Durchsetzen erzogen, das zeigen alle Untersuchungen über Erziehungsunterschiede. Die Ego-Qualitäten werden gestärkt. Mädchen hingegen werden zu Du-Zentrierten Eigenschaften wie Rücksichtnahme, Freundlichkeit, Nachgiebigkeit und Menschbezogenheit hingeführt. Von der Frau wird die alleinige Sorge für den Menschen erwartet, gleichzeitig wird diese Leistung gesellschaftlich abgewertet.
Frauen hingegen hat man die Du-Zentrierte und personen-zentrierte Position zugeschoben. Sie durfte im Haushalt für die Kinder und den Mann sorgen, vor allem emotional sein, alle rationalen Anlagen in sich unterdrücken. Erst in den letzten 15 bis 20 Jahren weigern sich die jungen, vor allem die gut ausgebildeten Frauen, diese Rolle

zu leben. Sie wollen auch das Rationale und Egozentrierte in sich entwickeln. Dadurch kommt es für Männer, die noch nicht so weit in ihrer Bewusstseinsentwicklung sind, zu einer schwierigen Situation. Es ist niemand mehr da, der das Pflegeverhalten übernimmt. Die bisher ausgeglichene Gesellschaft, wo die Frau diesen zweiten Pol gelebt hat, kippt. Alte, Kinder, Kranke, die bisher vor allem von „Nurhausfrauen" kostenfrei versorgt wurden, bleiben auf der Strecke.
Dass diese theoretischen Überlegungen aber wirklich beim Individuum sichtbar werden, wurde mir bei der Lektüre der Bekenntnisse des *Ram Dass* (Richard Alpert) plastisch vor Augen geführt. Hier zeigt sich genau das Bild, das ich beim Zerbrechen des Magischen Dreiecks schildere, nämlich dass Männer in Gefahr sind, die eigene Egozentrik und ihr narzisstisches Streben noch zusätzlich mit Göttlichkeit zu überhöhen. Nur einige Zitate, die das belegen:

> „Und ich hatte versucht, den Zustand der kosmischen Liebe zu erreichen, ohne mich mit meiner Emotionalität auseinanderzusetzen, denn Emotionalität erschien mir als etwas zu menschlich. Ich merkte plötzlich, dass ich meine Menschlichkeit beiseite geschoben hatte, um meine Göttlichkeit zu leben."
> „Wenn ich in mein sechstes Chakra ging, sah alles absolut vollkommen aus. Ich konnte das Leiden anschauen und die darin liegende Gnade erkennen. Dies war ein Ort der Klarheit, allerdings einer Klarheit ohne Wärme. Wenn ich sah, wie jemand hinfiel, konnte ich sagen Karma. Doch wenn ich in mein menschliches Herz kam, dann schmerzte das ungeheuerlich, weil ich mich dann dem Leiden des Universums öffnete. Die leichteste Art, damit umzugehen, ist, nach oben auszuweichen. Wesentlich schwerer ist es, unten und dabei offen zu bleiben. Das ist schrecklich schmerzhaft" (S. 111).

Es geht also bei der Integration des anderen Pols auch darum, nicht mehr vor den eigenen Schatten in die Spiritualität auszuweichen, wie wir es bei der Spiritualität von oben oft bemerken und im geschichtlichen Kontext verfolgen können. Es geht bei unseren Grundbedingungen für unser Leben immer um Ausgleich, Balance, die goldene Mitte. Viele narzisstisch anfällige Personen scheuen aber vor „Mittelmäßigkeit" zurück, wollen das Großartige, Herrliche, Perfekte, Gottgleiche, weil sie sich sonst klein und niedrig fühlen, das aber nicht aushalten.

Ausgleich der Gegensätze

Welche Einstellungen und Möglichkeiten haben wir, um diese Falle zu umgehen?

Wir sollten uns zuerst einmal bewusst werden, auf welche Seite wir tendieren. Schätzen wir eher den funktionalen oder eher den personalen Bereich bei uns selbst und den anderen? Welche Dimension ziehen wir vor, welche verachten wir? Beide sind ja gleichwertig, beide haben ihre hellen und dunklen Seiten. In einem Team müssen immer beide Aspekte, der funktionale und der personale, vorhanden sein, um die differenzierte Reaktionsfähigkeit des Gesamten zu gewährleisten. Spannungen entstehen in einem Team ja vor allem dann, wenn extrem ausgeprägte Typen entweder den gegenpoligen Kollegen um seine Fähigkeit beneiden oder ihn verachten oder beides. Erst, wenn Klarheit darüber besteht, dass zum Überleben eines Systems (sei es der einzelne Mensch, ein Betrieb, eine Familie) beide – das Funktionale und das Personale – notwendig sind, tritt Beruhigung und somit auch ein gewisses Verständnis für den Gegenpol und somit auch Toleranz für den anderen ein.

Wenn ich nun selbst einen gewissen Überhang in einer Dimension feststelle, so hat es nicht viel Sinn, die Schattenseite dieses Poles zu bekämpfen. Es hat also keinen Sinn, zu glauben, dass der Sachzentrierte angenehmer wird, wenn er seine Sachzentrierung verleugnet oder bekämpft; ganz im Gegenteil. Dort, wo seine Stärke ist, darf er sie nicht untergraben. Besser ist es, den Gegenpol seiner hervorragenden Eigenschaften nicht nur zu akzeptieren, sondern ins alltägliche Handeln einzubauen, den Gegenpol als spannendes

Experimentierfeld zu entdecken und schließlich schätzen zu lernen. Auf diese Weise weitet er sein Verhaltensrepertoire und seine Erlebnismöglichkeiten aus.

Tab. Nr. 2:
Stärkung der emotional-personalen Dimension

FÖRDERUNG DER PERSONENBEZOGENHEIT
- berühren und berühren lassen
  (Massage, Haustier)
- Augenkontakt
- Gefühle der anderen wahrnehmen
  (Gruppenseminare)
- eigene Gefühle wahrnehmen und ausdrücken

Es ist wichtig, die emotional warme Dimension, die jeder Mensch in sich trägt, zu stärken, langsam anzufangen, sie zu entwickeln. In der obigen Aufstellung gibt es einige Hinweise, wie man das anstellen kann. Alles, was mit Sinnlichkeit, Körperkontakt, Empfindung – noch nicht Gefühl – zu tun hat, stärkt diese personale Dimension. Ich muss nicht gleich auf Menschen zugehen und versuchen, meine Emotionen auszudrücken; das wäre wahrscheinlich ein Schritt zu weit. Ich muss mich zuerst einmal mit meinem eigenen Körper vertraut machen, meinen Hautempfindungen, dem Gefühl der Berührung meiner Haut, das Gewöhnen an diese Dinge, vorerst einmal beim Masseur. Schrittweise kann man dann versuchen, in Trainings, und da vor allem in Gruppen, die geäußerten Gefühle der anderen nachzuvollziehen, langsam die eigenen Gefühle wahrzunehmen, bis man so weit ist, diese auch ausdrücken zu können.
Ich bin in den langen Jahren der von mir gehaltenen Persönlichkeitstrainings immer wieder Männern begegnet, die nicht imstande waren, die eigenen Gefühle wahrzunehmen und schon gar nicht sie auszudrücken. Die Konsequenz, mit der sie aber in den Trainingsgruppen geblieben sind, hat schließlich nach einigen Jahren Früchte getragen. Sie lernten nicht nur die Gefühle der anderen zu respek-

tieren, sie nachzuvollziehen, die eigenen Gefühle zu spüren. Gerade der Einsertyp ist ja ein hochsensibler Mensch, der sich mit einer Glaswand vor der Umwelt schützen muss. Wenn er stark genug wird, um die Glaswand nicht mehr zu brauchen, ist er derjenige, der Gefühle von allen vier Typen am besten und präzisesten ausdrückt. Ich erinnere mich eines Mannes, der diese typische Maske des Schizoiden hatte, wo keinerlei Mienenspiel seine Gefühle verraten hätte. Ein großer, fescher Mann mit markanten Gesichtszügen, der aber hart und kalt wirkte. Als seine Frau, mit der er jahrelang verheiratet war und die ihm einige Kinder geschenkt hatte, sich einen Freund nahm, weil sie seine distanzierte Härte und Kälte nicht mehr aushielt, brach er zusammen. Er kam zu mir und weinte – ich glaube, das erste Mal in seinem Leben – an meiner Schulter. Es war wie ein Durchbruch, als ob seine Frau ihm die Glaswand, die er zum Schutz aufgerichtet hatte, zerschmettert hätte.
Er entwickelte sich zu einem hochsensiblen, liebevollen und warmen Menschen, der schließlich eine zweite Familie gründete. Seine analytischen Fähigkeiten litten nicht unter seiner Veränderung, sondern ganz im Gegenteil, er bekam noch etwas dazu. Zu seiner Analysefähigkeit und Klugheit kam jetzt noch die Fähigkeit, Emotionen nicht nur wahrzunehmen, sondern hochdifferenziert auszudrücken. Der enorme Schmerz des Verlassenwerdens hatte diese Veränderung bewirkt, wobei schon vorher die Bereitschaft zur Änderung sichtbar war.
Bei Menschen, die vor allem die personale Komponente in ihrem Leben gestärkt haben, dominiert das Gefühl. Vor allem die Frauen, die sich um Hilfe an mich wenden, zeigen oftmals alle Charakteristika des zweiten Typus. Sie können nicht Nein sagen, sind nicht imstande, ihre Bedürfnisse selbst zu befriedigen, weil sie diese gar nicht kennen. Sie warten darauf, dass ihr Partner genau weiß, was sie brauchen, ohne dass sie es äußern. Sie wollen von ihm auch ganz bestimmte Geschenke, meinen aber, dass sie ihm das nicht sagen dürfen, denn er müsste ja wissen, was sie wollen, wenn er sie wirklich liebt. So leben sie jahrelang am Leben vorbei und sind schließlich frustriert, weil eine solche Lebenseinstellung bereits den Frust

eingebaut hat. Sie leben nur für die anderen und haben das Wörtchen „ich" schon seit Jahren nicht mehr verwendet.
In letzter Zeit kommen auch Männer, die dieses Ungleichgewicht aufweisen. Vor allem dann, wenn sie als einziges Identifikationsobjekt ihre Mutter hatten und in ihrer Kinderzeit kein männliches Vorbild in ihrer Nähe zur Verfügung stand. Diese Menschen baden immer im Gefühl, alles wird nur vom Standpunkt des Gefühls betrachtet und alle Vorgänge werden auf die eigene Person bezogen. Außerdem sind diese Menschen gefühlssüchtig. Sie laufen dem „angenehmen Gefühl" nach und bewerten nur dieses positiv. Ein unangenehmes Gefühl, wie es bei Streit, Stress, Distanz auftritt, meiden sie wie der Teufel das Weihwasser. Gerade dieses Durchgehen durch unangenehme Gefühle aber würde ihnen Boden unter den Füßen bringen, sie nicht im warmen Gefühlssumpf versinken lassen.

Tab. Nr. 3:
Stärkung der funktional-sachlichen Dimension

FÖRDERUNG DER SACHBEZOGENHEIT
- Vorträge besuchen, Sachbücher lesen
- Überblick erhalten und Zusammenhänge erfassen
- Fakten aufschreiben, Pro-und-Kontra-Listen machen
- Tagebuch führen
- Emotionen aufschreiben

Bekämpfung der eigenen Gefühle hätte wenig Sinn, sondern es ist einfach wichtig, den Gegenpol der Gefühle, das Rationale, Analytische zu stärken. Dann pendelt sich das Gefühlhafte in wunderbarer Weise ein. In der obigen Aufstellung wird sichtbar, dass alles, was mit Äußerung von Gedanken und Gefühlen zu tun hat, hilft. Es bewährt sich, psychologische Bücher zu lesen, die uns Zusammenhänge zwischen Einstellungen, Erlebnissen und Verhalten klar machen, damit wir lernen, die Muster hinter unseren oft bizarren Gefühlen und Erlebnissen zu verstehen. Es geht immer um das Erfassen von Zusammenhängen, um Verstehen. Das Chaos der

Gefühle muss mit dem Licht des Verstandes ausgeleuchtet werden, damit man diese Muster erkennt und so Herr seines Lebens wird. Man ist nicht mehr das arme ausgelieferte Opfer, das sich nicht zu wehren weiß, sondern kann in neuer Weise Verantwortung für sein Leben und seine Handlungen übernehmen. Ich habe viele Frauen bei diesem Prozess begleitet und war immer wieder erstaunt, wie rasch sie das gelernt haben. Es hat ihnen nach kurzer Zeit wirklich Spaß gemacht, ihren Verstand nicht nur zur Speicherung der negativen Erlebnisse zu verwenden, sondern auch, um sich selbst und somit auch die Welt um sie herum zu verstehen. Besonders bewährt sich bei diesem Prozess auch das Führen eines Tagebuches. Wenn man die so wirren Gefühle ordnen und ausdrücken muss, schrumpfen sie oft zur Bedeutungslosigkeit zusammen bzw. werden einem Zusammenhänge klar.

Wichtig ist es auch, immer wieder über das, was einen bewegt, zu sprechen, und zwar so klar und präzise wie möglich. Ich merke in meinen Therapiestunden, dass gerade Menschen, die von ihren Gefühlen übermäßig beherrscht werden, diese nur unpräzise oder gar nicht ausdrücken können. Daher übernimmt dann ihr Körper diese Aufgabe, und sie somatisieren. Zweiertypen haben zwar viele Gefühle, werden von diesen aber oft beherrscht. Wenn sie aber durch die Ausbildung ihrer Analytik lernen, damit richtig umzugehen, können sie den Schatz der eigenen Persönlichkeit erst ins rechte Licht setzen.

Realitätsbewältigung

Bisher haben wir ausschließlich über die Inhalte der Realität gesprochen: was wir wahrnehmen, was uns wichtig ist, was wir daher speichern, worauf die einzelnen Typen Wert legen. Es gibt aber auch den *Stil, wie wir mit Dingen umgehen.* Auch hier haben wir es wieder mit entgegengesetzten Polen der Realitätsbewältigung zu tun. Einerseits kann man die Realität mit Ordnung, Struktur, Regeln, Kontrolle zu bewältigen trachten oder aber, indem man flexibel, kreativ und expansiv-chaotisch ist.

Abb. Nr. 10:
Dimension der Realitätsbewältigung

Stabilität:	Flexibilität:
Ordnungszentrierung	Kreativität, Expansionsstreben

Nr. 3: Der ordnungszentrierte Typus

Dieser Charaktergrundtypus wird in der Fachliteratur als *zwanghafter* Mensch beschrieben. Wenn bei ihm seelische Störungen oder Stress auftreten, dann reagiert er auf diesen Druck vorwiegend mit Zwangshandlungen. Er wird immer enger, starrer. Wir kennen den Waschzwang, Zählzwang, Grübelzwang etc. Wenn wir diesem Typus einen Namen geben sollten, würde ich sagen:

der unbestechlich Gerechte:
Das Erscheinungsbild dieses Typus hat weniger mit körperlichen Charakteristika zu tun, so wie beim funktionalen und personenzentrierten Typus. Man könnte eventuell ein bulliges Aussehen annehmen, wie Kretschmer es beim Choleriker annimmt. Das Wesentliche aber ist seine Exaktheit in der Kleidung, sein Ordnungssinn, der überall durchschlägt. Er ist im Extremfall ein Perfektionist, ein Pedant. Er wirkt in seiner Erscheinung sauber, steif, exakt und auf Formen bedacht. *F. Riemann* beschreibt ihn so:

> „Bei den anlagemäßig vital-starken Persönlichkeiten führt die Linie von sachlichen, pflichttreuen, verlässlichen Menschen über zunehmende Nüchternheit zum ehrgeizigen Streber – zum unbelehrbar Eigensinnigen und Querulanten – zum tyrannischen Machtmenschen, Despoten und Autokraten" (S. 158).

EIGENSCHAFTEN
Personen, die diesen Typus besonders ausgeprägt haben, zeichnen sich durch ihre Stabilität, ihr Pflichtbewusstsein, ihre Verlässlichkeit und ihre Solidarität und Treue aus. Sie können Verantwor-

tung übernehmen und sind von allen vier Typen die belastbarsten. Sie sind enorm leistungsfähig, zielbewusst und haben ein phänomenales Durchhaltevermögen. Das Wichtigste für sie ist *Ordnung*, daraus beziehen sie ihre Stabilität. Sie sind Menschen, die gerne Regeln aufstellen und auch gerne kontrollieren. Sauberkeit innen und außen sind ihre Charakteristika. Mit diesen Eigenschaften versuchen sie, die Welt und ihre Probleme in den Griff zu bekommen. Sie geraten in Panik, wenn Neues auf sie zukommt. Ihr Glaubenssatz ist *„Alles Alte ist gut“*, daher sind sie auch die Bewahrer in einem System. Sie sind auch die Bewahrer von Werten. Neues bekämpfen sie verbittert, sie sind die Traditionalisten in einer Gesellschaft.

Positive und helle Seite des ordnungsliebenden Typus
Die besten Eigenschaften dieses Typus sind seine absolute Verlässlichkeit und seine Fähigkeit, Verantwortung zu übernehmen. Er ist in einem Betrieb derjenige, der stabile, verlässliche Leistung erbringt, der genau, präzise und vor allem auch pünktlich arbeitet, also sehr geeignet ist für Verwaltungsarbeiten wie Buchhaltung; vor allem, wenn die persönliche Begabung und Dynamik nicht mehr zulassen. Er eignet sich auch gut für Führungsaufgaben durch seine Verlässlichkeit und Treue zum Personal. Unternehmer mit diesen Eigenschaften werden von ihren Leuten als strenge, aber gerechte Vaterfiguren verehrt. Wenn eine starke persönliche Dynamik gegeben ist, können Menschen mit einem Überhang in dieser Dimension Reiche aufbauen und auch langfristig regieren. Wir finden diese Typen bei Politikern und in den Führungsetagen von weltweiten Konzernen. *F. Riemann* beschreibt ihn so:

> „Der gesunde Mensch mit zwanghaften Strukturanteilen ist ausgezeichnet durch Stabilität, Tragfähigkeit, Ausdauer und Pflichtgefühl. Er ist strebsam und fleißig, planvoll und zielstrebig; da er meist auf weite Ziele ausgerichtet ist, interessiert ihn mehr, was er erreichen will, als was er schon hat, weshalb er oft die Gegenwart zu wenig zu genießen versteht. Mit seiner Konsequenz, Tüchtigkeit und Zähig-

keit, mit seinem Verantwortungsbewusstsein und seinem ausgeprägten Wirklichkeitssinn kann er Großes erreichen" (S. 158–159).

Negative oder dunkle Seite des ordnungsliebenden Typus

Seine größte Schwäche liegt in seiner Starrheit, seinem Mangel an Flexibilität. Er ist unfähig, sich auf Neues einzustellen, und hat panische Angst vor Veränderungen. Bei Angst wird er stur und lässt überhaupt nicht mehr mit sich reden. In der jetzigen wirtschaftlichen Situation fällt das besonders auf, zumal Flexibilität und Marktanpassung lebensnotwendig sind. Ich kenne aber viele Unternehmer von Klein- und Mittelbetrieben, die das traditionelle Führungsverhalten an den Tag legen und sich gegen alle Veränderungen sträuben. Wenn es dem Nachfolger nicht gelingt, früh genug zu übernehmen, um das Ruder herumzureißen, sind es genau diese fleißigen, etwas engen, sturen, leistungsstarken Menschen, die mit aller Macht verhindern, dass der Betrieb sich auf Neues ein- und umstellt. Sie sind es dann, die dem eigenen Betrieb das Grab schaufeln.

Wenn man mit solchen Menschen lebt, spürt man auch ihre Engheit, ihre Härte sich und den anderen gegenüber. Sie kommen mir vor wie aus Granit geformt. Viele führende Politiker haben Anteile dieses Typus, wenngleich sie auch einen guten Teil vom vierten Typus haben sollten, um Massen begeistern und überzeugen zu können. Diese Fähigkeit ist dem Kreativen, Expansiven vorbehalten, der schauspielerische Eigenschaften hat.

Ich selbst hatte eine Mutter, die fast nur Dreieranteile in ihrer Person entwickelt hatte. Das hat sicherlich auch damit zu tun, dass sie in einer Gesellschaft lebte, in der Menschen vorwiegend zu solchen Eigenschaften erzogen wurden: Gehorsam, Ordnung, Autoritätsglaube waren die wichtigsten Erziehungsziele. Menschen aus dieser Zeit und noch dazu aus dem bäuerlichen Bereich sind auch heute noch in dieser Weise geformt. Ich war eigentlich ein unproblematisches und kooperatives Kind, nicht unlebendig, aber auch nicht stur oder aggressiv. Eigentlich machte ich meiner Mutter wenig Schwierigkeiten, weil ich wusste, wie belastet sie durch ihren anstrengenden Beruf als Kellnerin und den Haushalt war.

Wenn ich mir aber irgendetwas zu Schulden kommen ließ, dann wurde ich überwertig bestraft, wie ich heute weiß. Meine Mutter redete dann bis zu 14 Tagen nichts mit mir, ließ mich links liegen. Ein Verhalten, das ein Kind am wenigsten aushält. Schlagen und Schimpfen ist ja für Kinder auch eine Form der Zuwendung, mit der sie besser umgehen können als mit Nichtbeachtung. Eine für mich unvorstellbare Strafe, wenn ich an meine eigenen Kinder denke. *F. Riemann* streicht diese dunkle Seite im pädagogischen Bereich besonders hervor, es ist dies das Gesicht der schwarzen Pädagogik:

> „Sie geben dem Kind das Gefühl, dass Fehler schwer wieder gutzumachen sind, sind oft nachtragend, sodass schon kleine ‚Vergehen' einen überwertigen Stellenwert bekommen und die Angst vor Schuld und Strafe, die Gewissensangst, unnötig verstärkt wird, auch durch lange Unversöhnlichkeit und schwer zu erlangende Verzeihung" (S. 154).

Nr. 4: Der freiheitsliebende, kreative Typus

In der psychiatrischen Fachliteratur wird dieser Typus als *hysterischer* Grundtypus bezeichnet. Wobei wir diese Grundeigenschaft in unserer Zivilisation eher mit Frauen assoziieren. Der Ausdruck hysterisch ist eigentlich ein Schimpfwort geworden, womit wir besonders stark agierende Frauen bezeichnen. Wir vergessen dabei eben, dass auch dieser Grundtypus Eigenschaften hat, die wir zum Überleben des Einzelnen und unserer Gesellschaft brauchen. Es geht also nicht so sehr um die negativen Ausformungen, sondern um die positiven Eigenschaften; es geht ums Bunte, Kreative, Expansive.

Wenn ich für diesen Grundtypus ein Symbol wählen soll, fällt mir am ehesten der

bunte Vogel

ein. Darin prägten sich einerseits schon seine Vielfärbigkeit, seine Erscheinungsflexibilität, aber auch seine „Flatterhaftigkeit", seine Freiheitsliebe, sein Expansionsstreben aus.

Sein Erscheinungsbild ist vor allem *bunt*. Er ist auch *laut*, beides wirkt auf seine Umgebung oft faszinierend. Der Freiheitsliebende ist niemals grau, unscheinbar oder überordentlich. Er ist abwechslungsreich, strahlend, farbenfroh und kann das gewöhnlich bürgerlich Einsperrende schlecht akzeptieren. Man kann sich vorstellen, welchen Sprengstoff ein ausgeprägter *Dreiertyp* und ein ausgeprägter *Vierertyp* in einem Betrieb sind, wenn sie gezwungen sind, zusammenzuarbeiten und den anderen aber nicht akzeptieren können. Die Probleme und Spannungen sind durch ihre Verschiedenartigkeit schon vorprogrammiert.
In unserer Gesellschaft wird eher die Dreierkomponente gefördert. Vor allem Männer verleugnen in sich diese bunte Seite, lassen sie nur in der Werbung und im Künstlerischen heraus. Da dürfen sie ihre bunten Vögel ausleben. Dem Durchschnittsmann, der in der Industriegesellschaft viel zu leisten hat, wird diese bunte Seite in sich verwehrt. Frauen haben es leichter, bei ihnen wird diese Dimension viel eher akzeptiert, vor allem, wenn sie vorwiegend im Privatbereich tätig sind.

EIGENSCHAFTEN

Personen, die diesen Typus besonders ausgeprägt haben, wirken schillernd, heiter, laut, bunt, abwechslungsreich, niemals fad. Neben ihnen kann es keine Langeweile geben. Sie nehmen einem oftmals mit ihrem Tempo den Atem, man kommt mit ihrer Sprunghaftigkeit nicht mit. Die Atmosphäre neben ihnen ist immer turbulent; wo sie sind, ist immer etwas los. Sie lieben das Abenteuer und das Risiko und weichen allem aus, das sie festlegen, ihnen Grenzen setzen könnte. Das nimmt ihnen den Lebensatem. Ihr Lebensmotto ist *„Alles Neue ist gut"*. Sie haben große Kreativität und Einfallsreichtum. Diese Lust am Neuen befähigt diese Menschen, nach Neuem zu suchen und Neues zu schaffen; sie bringen ungewöhnliche Kombinationen zustande. Alles wird immer wieder neu arrangiert, man hält sich nie an Hergebrachtes und versucht rasch, zu verändern, um nicht festgelegt oder eingeengt zu werden.

Positive oder helle Seite des freiheitsliebenden Typus

Es sind Persönlichkeiten, die Buntheit und Leben in unseren grauen Alltag bringen. Sie stecken voll neuer Ideen, sind initiativ und erzeugen ständig Bewegung um sich herum, manchmal zu viel. Es ist nie ruhig und besinnlich in ihrer Nähe, sie haben Freude am Wagnis und sind auch im beruflichen Bereich sehr risikofreudig; was selbstverständlich auch seine Schattenseite hat, da sie Risken zu wenig genau abzuschätzen vermögen. Sie haben sprühenden Charme, und einige von ihnen sind Charismatiker. Sie können Menschen begeistern und faszinieren. Ihren Versprechungen wird geglaubt, weil sie so überzeugend sind.

F. Riemann beschreibt ihn so:

> „Er liebt Glanz und Pracht, Feste und Feiern; er kann die Feste feiern, wie sie fallen, und versteht es auch, sie zu gestalten, ist auf ihnen meist Mittelpunkt, durch Charme, Temperament, Gewandtheit und Direktheit. Todsünde ist nur, ihn nicht liebenswert zu finden, das kann er schwer ertragen und kaum verzeihen" (S. 170).

Daraus ergibt sich auch schon die dunkle Seite.

Negative oder dunkle Seite des freiheitsliebenden Typus

Man kann diese Menschen nicht festlegen, sie entschlüpfen einem wie ein Vogel oder Fisch. Sie sind nicht fassbar, daher auch unverlässlich. Man muss ihre Versprechen mit Vorsicht betrachten, denn sie sind bekannt dafür, dass sie diese selten halten. Sie vergessen einfach, was sie gestern versprochen haben, wenn sich heute eine andere faszinierende Gelegenheit für etwas ergibt. Dies ist nicht Bosheit, sondern einfach die Eigenschaft, bloß im jetzigen Augenblick zu leben und alles Feste, Beständige und Klare zu meiden, um nicht festgelegt zu werden. *F. Riemann* meint dazu:

> „Das würde bedeuten, dass man von Augenblick zu Augenblick lebt, nicht mit festen Plänen und klaren Zielen, sondern immer in der Erwartung von etwas Neuem, auf der

> Suche nach neuen Reize, Eindrücken, Abenteuern, ablenkbar daher und verführbar durch den jeweils gerade vorherrschenden Reiz oder Wunsch, der sich außen oder innen anbietet. Vor allem braucht man das Gefühl der Freiheit, weil Ordnung und Gesetzmäßigkeit die Angst vor dem Festgelegtwerden, vor dem Nicht-ausweichen-Können konstellieren" (S. 162).

Das Leben im Augenblick haben wir als eine wichtige Qualität für spirituelles Leben beschrieben, doch hier merken wir, dass es auch eine Schattenseite gibt, wenn der Gegenpol: Disziplin, Ordnung, Stabilität, nicht integriert wurde. Denn diese Freiheit des Freiheitsliebenden ist eine Scheinfreiheit, da in ihr nichts Ruhiges und Beständiges aufgefunden werden kann. Extrem freiheitsliebende Menschen weichen den anderen immer wieder aus, weil sie sich persönlich unsicher fühlen, ihr Selbstwert nicht so stabil ist, dass sie sich dem anderen stellen. Daher benötigen sie immer wieder die Bewunderung und Anerkennung der anderen. Die Zuwendung ist sozusagen der Nährstoff, mit dem sie ihre schillernde Großartigkeit aufrechterhalten. Todsünde ist, sie nicht zu bewundern. Da werden sie zu widerlichen Bestien, die den anderen zu vernichten drohen – wenn sie die Macht dazu haben.
„Je mehr es sich nun um eigentlich hysterische Persönlichkeitsstrukturen handelt, um so mehr wächst die fordernde Haltung, und das Bedürfnis nach Bestätigtwerdenwollen nimmt überwertige Formen an," meint Riemann dazu in seinen „Grundformen der Angst". Daher erleben wir sie auch als berechnend, den anderen manipulierend, ihn ausnehmend.

Ausgleich der Gegensätze

Was ist nun möglich, wenn man zu ordnungsliebend oder zu freiheitsliebend ist? Hier gilt wieder das gleiche Prinzip, das ich bereits oben beschrieben habe: sich mit dem Gegenpol anfreunden, diesen zu trainieren und schließlich zu integrieren.

Tab. Nr. 4:
Entwicklung von ordnungszentrierten und freiheitsliebenden Aspekten

FÖRDERUNG DER ORDNUNGSZENTRIERUNG
- Regeln festlegen und einhalten
- Strukturen bauen (Kalender)
- Riten einführen
- Alles schriftlich fixieren
- Für Kontrolle sorgen

FÖRDERUNG DER FREIHEITSBEZOGENHEIT
- Tanzen, Malen, Formen, Singen etc.
- Flexibilität, Spontaneität bewusst fördern
- Fixpunkte nicht zwanghaft einhalten
- Anderen Kontrolle überlassen
- Das Bunte, die Freude, das Feiern stärken

Der Ordnungsliebende, der schwer, geerdet, an den Dingen klebend erlebt wird, muss die Leichtigkeit des Seins lernen. Das geht, indem er seine eiserne Disziplin etwas hintansetzt und mit Kreativem experimentiert. Jeder hat da einen anderen Zugang. Es gibt Menschen, die mit Tanz viel erreichen; andere, die eher zeichnen, schreiben, Ton formen. Es ist nur wichtig, Kreatives in sich zu fördern. Eine schöne Sache ist auch das Singen, da durch die Arbeit mit dem eigenen Atem viel Spannung abgebaut werden kann.

Dass dies auch im fortgeschrittenen Alter noch möglich ist, sah ich am Beispiel meiner Nachbarin, die mit 60 Jahren auf Anraten ihrer Ärztin sich in der Volkshochschule in einen Gesangskursus einschreiben ließ. Ich hörte sie immer durch die trennende Mauer hindurch trainieren, Töne üben. Und dann lud sich mich zu einer Vorführung ihres Kurses in der Volkshochschule ein. Ich hatte so etwas noch nicht erlebt. Menschen, die vorher unsicher, unscheinbar und gehemmt waren, veränderten sich mit jedem Ton, den sie sangen. Sie sangen ihre Arien mit einem Strahlen und einer

Innigkeit und runden herrlichen Stimme, was mich sehr beeindruckte.

Aber es gibt auch andere Möglichkeiten der Veränderung. Bei einem meiner fortlaufenden Trainings, das sich dieses Thema zur Aufgabe macht, konnte ich das hautnah erleben. Ich fing mit dem Grundkurs der Charakterstrukturen an. Eine Dame, Mitte 40, die alle Kriterien einer steifen ordnungszentrierten Persönlichkeit zeigte, machte intensiv mit. Diese Frau wirkte streng, exakt, war im Lehrberuf tätig, hatte „ordentliche, einfallslose" Kleidung, Löckchen und ein eher starres Wesen. Wir würden sagen, „eine typische Lehrerin". Da ich den Grundkurs mit Modulen (Kommunikation, Konflikt, Rhetorik, Führungsverhalten) weiterführe, gibt es immer wieder einen Impuls, jedes halbe Jahr oder einmal jährlich.

Im nächsten Kurs fiel den anderen Trainingsteilnehmern auf, dass unsere Lehrerin schon viel lockerer war. Beim dritten Seminar erkannten wir sie nicht wieder. Es wirbelte eine bunte, eher laute Frau mit lockeren Bewegungen zur Tür herein, und wir mussten zweimal hinsehen, um sie zu erkennen. Es war so etwas wie eine Befreiung mit dieser Frau vor sich gegangen. Sie erlebte ganz neue Züge an sich und den anderen und konnte das Leben von einer ganz anderen Seite her entdecken. Das steht jedem von uns frei, dass wir einen Teil in uns, der lange eingekerkert war, nun befreien, ganz gleich, wie alt wir sind.

Dass das wirklich auch in fortgeschrittenen Jahren möglich ist, bewies mir eine Dame um die 70 Jahre, die bis dahin nur die personenzentrierte Seite in sich ausgelebt hatte. Sie stärkte nun ihre kühle, abgrenzende, egozentrierte Seite, und zwar so präzise und konsequent, dass ihre Freundinnen zu mir kamen und sich beklagten, dass sie nicht mehr so streichelweich sei wie bisher. Sie fühlte sich aber wesentlich wohler, schluckte nicht mehr so viel hinunter. Und auch ihre Umgebung lernte langsam zu akzeptieren, dass sie auch eigene Wünsche und Bedürfnisse hatte. Wenn Sie sich eine solche Veränderung schon lange wünschen, dann versuchen Sie es. Holen Sie sich Hilfe, Rückendeckung, Anregung, Impulse beim Experten und tun Sie Dinge, die Sie sich bisher nicht trauten, ganz gleich, wie alt Sie sind.

Andererseits wird der *expansive Typ*, der sich klar wird, dass er die Disziplin in sich fördern muss, stabiler, verlässlicher, ruhiger; er unterbricht den anderen nicht mehr so oft, ist nicht mehr so sprunghaft und dadurch eher erträglich. Ich selbst hatte, wie schon gesagt, eine sehr ordentliche, disziplinierte Mutter, die ausschließlich diese Qualitäten in ihrem Leben auslebte. Sie war mir immer eine Stütze und Hilfe im Leben, aber sie engte mich mit ihrem Perfektionismus und ihren Ansprüchen auch ein. Daher war ich vor allem als Jugendliche sehr chaotisch, unverlässlich, kreativ: Ich zeichnete lieber als ich lernte, las stundenlang und vernachlässigte meine Schulaufgaben. Ich lebte demnach den Gegenpol zu meiner Mutter aus, weil ich die Ordnungsliebe als einengend und negativ erlebte.

Erst meine erste geistige Lehrerin, die besagte Klosterschwester, Mutter Stefanie, die mich vom 12. bis zum 18. Lebensjahr begleitete, machte mir klar, dass es ein geistiges Leben ohne Disziplin und Treue im Kleinen nicht gäbe. Sie versuchte, mir die Liebe zur Ordnungsdimension beizubringen. Es gelang ihr, da ich sie sehr schätzte und spürte, wie gern sie mich hatte. Daher waren mir ihre Worte wichtig, und ich fing an, mich darin zu üben und mich um Disziplin zu bemühen. Ganz langsam fing ich an, für meine Schulleistungen zu arbeiten und Verantwortung für mein Leben zu übernehmen. Ich war in der zweiten Klasse Mittelschule eine der schlechtesten Schülerinnen der Klasse, weil ich schlampig und faul war.

Doch ich machte schließlich eine Starmatura, wie dies auch unsere Direktorin in einer Rede hervorhob. Trotzdem war mein Weg noch weit. Denn als ich in eine Großbank eintrat, meinte mein Chef, ein narzisstischer Pedant und Muttersohn, dass ich die schlampigste Bankangestellte sei, die er jemals ausgebildet hätte. Da er eine sadistische Ader hatte, litt ich die vier Jahre unter seiner grausamen Führung. Jeden Tag in der Früh nahm ich mir vor, ordentlich zu sein und immer wieder erlitt ich Rückschläge.

Als ich dann nach einigen Jahren ins Fernsehen in die Programmleitung kam, um einige Verwaltungsarbeiten zu übernehmen, bemerkte ich, dass meine Fähigkeit zur Ordnung schon weit gediehen war. In dem kreativ chaotischen Haufen der Fernsehleute stellte ich mich als „Ordnungsbestie" heraus, reformierte die Registratur und brachte Ordnung in viele Bereiche. Jetzt meine ich, dass ich beides zur Verfügung habe, je nach Bedarf. Wenn es sein muss, kann ich sehr exakt, verlässlich, leistungsstark und ordentlich sein. Ich kann aber auch kreativ, locker, leicht bis chaotisch sein. Beides ist notwendig, wichtig zu wissen ist, was man wann braucht.

In seinem Buch „Gottes Megatrends" beschreibt der evangelische Pastor *Wolfgang Simson* (im Kapitel Gottes Modelle für Synergien) genau diese vier Typen, ohne jedoch von den psychologischen Theorien zu wissen.
Er beschreibt den *Hirten,* den *Propheten,* den *Apostel* und den *Lehrer:*

> „Der Hirte steht mitten in der Herde – Abstand null. Um ihn sammelt sich alles. Er ist von Natur aus ein ‚lieber' Mensch, der Familienatmosphäre bietet, dem Beziehungen das wichtigste sind, einfach, weil er langfristig am geistlichen Wohl der Herde interessiert ist."

Das erinnert uns stark an den personenzentrierten Typ 2, dem Beziehung alles ist. Simson kann außer den hellen auch die Schattenseiten recht gut charakterisieren:

> „Der Pastor neigt dazu, dass er den Überblick verliert. Mit seinem Dienst ist auch eine gewisse Betriebsblindheit verbunden. Sein Motto lautet schlicht und ergreifend: Beziehungen sind alles."

Und so geht es denn auch weiter. Der *Prophet* entspricht unserem Typ 4, dem kreativen, visionären:

> „Der Prophet ist der Schafherde weit voraus – bildlich gesprochen fünf Kilometer hinter dem nächsten Hügel. Er hört Gottes Stimme und sieht Visionen; und es ist eigent-

> lich ganz gut, dass er weiter weg von der Herde ist, weil ihn sowieso wenige wirklich verstehen. Dazu hat er oft eine komplizierte und merkwürdig unorganisierte Persönlichkeitsstruktur, gerade weil er so einmalig begabt ist."

Und weiter unten:

> „Propheten hören von Gott und stellen Dinge radikal in Frage, und zwar schonungslos, inklusive des Pastors selbst."

Simson zeigt auf, dass dieser daher als Bedrohung empfunden wird, weil er den Status quo in Frage stellt und auf diese Weise die religiösen Kreise stört.
Aber auch der *Apostel* lässt sich in unser System einordnen. Er entspricht unserem Typ 3, dem Ordnungszentrierten, Machtorientierten. Simson versucht, durch die Distanz zur Gemeinde die Position der einzelnen Typen zu charakterisieren:

> „Der Apostel ist zwar nicht so weit weg von der Herde wie der Prophet, aber immerhin. Er steht in unserem Bild etwa drei Kilometer weiter vorne, nicht hinter, sondern auf dem nächsten Hügel. Auf diesem ‚Feldherrnhügel' hält er mit der Landkarte in der Hand Ausschau nach den nächsten grünen Weiden, die es abzugrasen gilt, und behält den großen Überblick ... Seine Welt ist die missionarische Strategie."

Und schließlich fehlt uns noch der sachzentrierte Typ 1, den Simson als *Lehrer* charakterisiert.

> „Der Lehrer lebt von der kritischen Distanz. Er sitzt in unserem Bild auf einem Hochsitz, einen halben Kilometer neben der Herde, um rechtzeitig seine Hunde ausschicken zu können, wenn ein Schaf unartig ist ... Ihn begeistern nicht nur die großen Linien, sondern er schwelgt vor allem im Detail. Er ist im wahrsten und positivsten Sinne des Wortes ein ‚Fußnotenmensch', der es ganz genau wissen will und muss."

Unsere Charaktergrundtypen, die sich ja eigentlich aus dem pathologisch-psychiatrischen Bereich entwickelt haben, scheinen eine große Relevanz zu haben und werden auch von Menschen entdeckt, die normalerweise mit solchen Dingen wenig zu tun haben.

Die sieben Stufen der Entwicklung

In unserer psychologischen Forschung haben wir uns sehr ausführlich mit der Kindheits- und Jugendentwicklung beschäftigt. Viel weniger Informationen haben wir über das Erwachsenenalter oder das Alter. Wir haben auch keinerlei Systematik über spirituelle Entwicklung, weil einige psychotherapeutische Schulen eine solche Dimension im Menschen noch gar nicht wahrnehmen und anerkennen. Erst in den letzten Jahren, seit die *Transpersonale Psychologie* versucht, hier einen Brückenschlag zwischen Psychologie und Spiritualität bzw. Religion herzustellen, kommt es zu Publikationen in diese Richtung.

Da ich mich seit einiger Zeit mit Märchen beschäftige und diese mir immer wieder „zufallen", kam mir der „Hans im Glück" in die Quere, als ich gerade ein Buch über Entwicklungspsychologie verfasste (‚Entwicklung der Person', Dynamik des Lebens). Es fiel mir dabei auf, dass die Zahl sieben bei den Entwicklungsstufen in diesem Märchen eine besondere Rolle spielt. Einerseits dauern die Entwicklungszeiträume, von einer Phase zur anderen, ungefähr sieben Jahre; und es sind auch 7 Stufen der Entwicklung. Dabei würde ich vier Stufen der menschlichen und drei Stufen der spirituellen Entwicklung zuordnen. Bei einem von mir entwickelten Märchenseminar, das sich mit menschlicher Entwicklung und Spiritualität beschäftigt, fiel mir auf, dass es eine Entsprechung zu den sieben Stufen der Entwicklung beim „Hans im Glück" bei den sieben *Chakren* gibt.

Was sind nun die Stufen beim „Hans im Glück", den ich als Kind immer als „Hans im Unglück" erlebt habe, weil er ja alles verloren und das Große immer gegen das Nächstkleinere eingetauscht hat. Erst als ich mich näher damit beschäftigte, wurde mir die Weisheit dieses Märchens zugängig. Er bekommt ja einen Klumpen Gold von seinem Lehrherrn für seine großen Verdienste und tauscht ihn für ein Pferd. Das habe ich eigentlich nicht als angemessen erlebt. Erst als mir klar wurde, dass dies ein Wechsel vom Unlebendigen zum Lebendigen ist, konnte ich es als gut und richtig erleben. Gold bekommt er für seine Qualitäten, die er jahrelang entwickelt hat, doch das Gold wird ihm schwer, weil er eigentlich nur sich selbst entwickelt, keine Verbindung nach außen hat.

Erst das Pferd zeigt ihm die eigenen Möglichkeiten, mit den anderen in Verbindung zu kommen. Aber das Pferd tauscht er dann wieder für die Kuh. Auch das passte mir eigentlich nicht, bis mir klar wurde, dass die Triebdynamik des Pferdes der ruhigen Mütterlichkeit der Kuh weicht. Und die mütterliche Kuh bringt ihm dann auch nicht die Befriedigung, die er möchte, und er wechselt zum Schwein über.

Ein intelligentes, wendiges Tier, das sich im Schmutz suhlt – nach unserem Verständnis. Es ist die Zeit, wo Hans mit seiner dunklen Seite in Berührung kommt, Dinge auslebt, die ihm zeigen, dass er eigentlich auch einen „Schweinehund" in sich trägt.

Erst danach kann er die Gans, das Weiße, Unschuldige, Fliegende in sich annehmen und erstmals so etwas wie zeitweise Leichtigkeit und Fliegen erleben. Es ist der erste bescheidene Zugang zur Spiritualität, der dann beim Scherenschleifer noch verstärkt wird.

Schließlich steht der Scherenschleifer für einen, der ihn selbst abschleift, der ihn in Kur nimmt; ein Meister, der aber genau auf seinen Charakter sieht und auf alles, was er bisher im menschlichen Bereich gelernt hat. Dann erst kann er sich den Steinen zuwenden, dem Schleifstein und dem ganz gewöhnlichen Stein, der Phase der ehernen geistigen Gesetze, die ja auch in Stein gemeißelt sind.

Doch schließlich fällt ihm alles in den Brunnen, er hat nichts mehr. Und er ist total glücklich; etwas, was ich lange nicht verstehen konnte, dass das totale Loslassen, alles beinhaltet. Hans hat alles in sich integriert, er trägt alles in sich und lässt gleichzeitig alles los. Er hat den Gipfelpunkt seiner Entwicklung erreicht, das Absolute, die Erleuchtung, die alles Glück beinhaltet.

Wenn wir die einzelnen Phasen durchgehen und nach der Systematik des Märchens sie mit sieben Jahren annehmen, entsteht eine

Lebenssystematik, die sicherlich nicht zwingend ist, doch sehr interessante Aspekte enthält. Es gibt Phasen der Ich-Entwicklung, der Du-Entwicklung und schließlich der spirituellen Entwicklung.

Phasen bei „Hans im Glück“

1. Phase: Zeit des Goldes

Zuerst erhält Hans für seine treuen Dienste *„sieben Jahre“* bei seinem Lehrherrn *Gold.* Gold bedeutet im Märchen immer besonders gute Eigenschaften und Fähigkeiten. Es ist die erste Phase seiner Entwicklung.

> „Wenn wir annehmen, dass Hans mit 14 Jahren in den Dienst gekommen ist, so ist die erste Phase, die Zeit des Goldes, vom 14. bis zum 21. Lebensjahr gegeben. In dieser Zeitspanne findet er seine Identität, erkennt und probiert seine Fähigkeiten aus. Es sind sozusagen seine Lehrjahre, wo er sich in die Gesellschaft eingliedert." (Fuchs A., „Hans im Glück", Wien, 1994).

In unserer Terminologie bedeutet es, dass wir unsere Ich-Qualitäten, unsere Fähigkeiten entwickeln müssen. Zuerst ist in unserem Entwicklungsablauf Ich-Stärke angesagt, bevor man weitergeht. Die Beschäftigung mit sich selbst ist die Basis für alles Weitere. Zuerst einmal muss man wissen, wer man ist, was man kann, wo die eigenen Grenzen sind, wo das eigene Gold verborgen ist. Erst wenn man in dieser Hinsicht Sicherheit gewonnen hat, kann man sich dem Du zuwenden, dem anderen, den eigenen Trieben.

2. Phase: Zeit des Pferdes

> „Die zweite Phase: die Zeit des Pferdes vom 21. bis zum 28. Lebensjahr, haben wir die Phase des Triebes, der Dynamik genannt. Diese wird in der Jugend gelebt. Das Ausleben, das Wild-sein, das Erleben der Triebkräfte hat Vorrang."
> (s. o.).

Hans probiert nun nicht mehr seine Qualitätsseite, seine unlebendige Seite aus, sondern seine dynamisch triebhafte: Wie komme ich beim anderen an, vor allem auch beim anderen Geschlecht? Das sind wichtige Erfahrungen, die sich viele Menschen, wenn sie zu früh einen spirituellen Weg einschlagen, vergessen oder viel später in ihrem Leben, eventuell Mitte der 40 nachholen, weil sie spüren, sie haben etwas versäumt. Erst bis sie die Grenzen dieser Möglichkeiten klar erleben, sind sie bereit zur nächsten Phase, der Phase der Beruhigung.

3. Phase: Zeit der Kuh

> „Die dritte Phase: die Zeit der Kuh vom 29. bis zum 36. Lebensjahr, ist für ihn die Zeit der emotionalen Stabilisierung. Er sucht Familie, Heim, die Geborgenheit und Stabilität einer Beziehung, nicht mehr das Wilde. Er braucht wieder sieben Jahre, um dies auszubauen und auch wieder verlassen zu können." (s. o.).

Hans ist nicht fähig, sich auf diese Beziehung ganz einzulassen, möchte nur haben und kann noch nicht in den anderen investieren; daher geht das dann auch schief. Er wird, symbolisch gesprochen, von der Kuh getreten, dass er fast die Besinnung und seine ganze bisherige Orientierung verliert. Genau das ist der Anlass, alles hinzuwerfen, sich innerlich an der ganzen Welt und allen Menschen zu rächen. Er ist bereit für die nächste Phase. Bei Menschen nach Scheidungen, nach dem Verlust eines geliebten Menschen können wir häufig die folgende Phase beobachten, wo sie entweder trauern oder aber aggressiv und destruktiv reagieren.

4. Phase: Zeit des Schweines

> „In der vierten Phase: der Zeit des Schweines vom 37. bis zum 44. Lebensjahr, geht er einen ganz anderen Weg. Er hat viele Erfahrungen gesammelt, kennt seine eigenen Fähigkeiten, kennt sich in Beziehungen und Triebleben aus. Jetzt

> geht es an seine eigene ‚Höllenfahrt'. In der Reife getraut er sich erst, seine dunklen Anteile zu leben. Jetzt hat er den Mut, dem destruktiven Aspekt seiner Person freien Lauf zu lassen." (s. o.).

Menschen, die nach „Höherem" streben, lassen diese Phase oft aus. Sie möchten sich als durchwegs gut erleben und leben daher ihre destruktiven Anteile ausschließlich unbewusst und dadurch umso stärker aus. Doch sie sind sich dessen nicht bewusst, können daher auch keine Verantwortung dafür übernehmen und lernen auch nichts dazu. Es ist aber wichtig, wenn wir reif werden wollen, dass wir unseren Schatten kennen, das wir wissen, wie wir uns benehmen, wenn wir auf Rache sinnen, jemand vernichten wollen, weil wir durch ihn verletzt wurden. Wie sind wir dann? Nicht mehr liebenswert, sondern wild, abwertend, grausam. Doch auch das sind Kräfte und Möglichkeiten, die wir bisher eben nicht kannten, die uns aber in Kämpfen mit erbarmungslosen Feinden gute Dienste leisten können, wenn wir sie integrieren.

5. Phase: Zeit der Gans

> „In der fünfte Phase: der Zeit der Gans vom 45. bis zum 52. Lebensjahr, findet er zu einer ganz anderen Existenzform. Er merkt, dass Sauberkeit, Moral, die leichte, geistige Seite des Lebens einen Wert hat, und zwar in mehrfacher Hinsicht. Er widmet sich anderen Dingen als bisher. War er bisher auf Erfolg, Beziehung, Macht aus, so kommt jetzt etwas ganz Neues hinzu, etwas, das ihn ‚fliegen' lässt.
> Er, der alles durchprobiert hat, sucht jetzt nach etwas anderem." (s. o.).

Hans wird erstmals reif für Spiritualität. Wir haben Hinweise in den neuen Hirnforschungen, dass das menschliche Hirn um die 45 Jahre eine Reife für Meditation erhält, die es vorher nicht hatte. Es scheint so zu sein, dass das Bewusstsein schon immer in den Menschen war, dass ab Mitte 40 etwas anderes in unser Leben tritt als bisher. Nicht mehr Erfolg, Gewinn, Beziehung stehen im Vordergrund und Mittelpunkt, sondern langsam und vorsichtig kündigt sich die Möglichkeit für Spiritualität und Alter an.

6. Phase: Zeit des Scherenschleifers

> „In der sechsten Phase: der Zeit des Scherenschleifers und der Steine vom 53. bis zum 60. Lebensjahr, lässt er sich noch einmal richtig abschleifen. Er nützt seine bisherigen Erfahrungen in ganz neuer Weise und entdeckt seine Fähigkeit, für andere da zu sein, zu dienen, sich jetzt anderen zur Verfügung zu stellen." (s. o.).

Die Begegnung mit dem Scherenschleifer ist eine faszinierende und völlig andere als bisher. Hans hat seinen Meister gefunden, der ihm einen neuen Weg zeigt. Erst jetzt scheint die Zeit der spirituellen Ausbildung angesagt zu sein. Auch seine bisherigen persönlichen Erfahrungen sieht er in einem ganz neuen Licht und entdeckt völlig neue Zusammenhänge, die zugleich seine Persönlichkeit abrunden und ihn bereit für Neues machen.

7. Phase: Der Brunnen und das Nichts

> „Die letzte und siebente Phase ist jene des Brunnens vom 60. bis zum 67. Lebensjahr. Eigentlich ist dies bereits die Zeit des Alters, auch die Zeit, wo Unverrückbares wieder wichtig wird. Die Triebdynamik ist vorbei. Die ewigen Gesetze müssen nicht mehr äußerlich befolgt werden, weil sie bereits integriert sind. Es ist die Phase der Vollendung, die Verbindung zu allem Lebendigen rückt in den Vordergrund. Hans muss nichts mehr halten, nichts mehr tun, kann alles loslassen, um an allem teilzuhaben. Er hat die totale Freiheit erlangt und ist wirklich glücklich." (s. o.).

Das Märchen zeigt uns eine Dynamik des Lebens, wo das Alter die Krönung des Lebens darstellt. Wie anders erlebe ich in unserer Gesellschaft die Stellung des Alters. Es ist jene Phase, wo wir das

Wichtigste in unserer westlichen Welt verloren haben: Jugend, Gesundheit, Kraft und Leistungsfähigkeit. Da anderes nicht zählt, werden alte Menschen verachtet, haben sie Angst, in Pension zu gehen, weil sie dann der Wertlosigkeit anheim gegeben werden.
Sicherlich ist diese Systematik eine von vielen, auch die Zeiträume sind im Märchen ja in einer ganz anderen kulturellen Umgebung aufgestellt worden. Wir haben es heute mit jungen Menschen zu tun, die noch bis zu 25–28 Jahren studieren, sich ausbilden lassen, also noch immer in der Phase eins sind. Daher wird wahrscheinlich für uns die gesamte Entwicklungssystematik nach hinten verschoben. Doch sollte dieses Märchen als Anregung zum Nachdenken dienen, um vielleicht das eigene Leben, das Alter, die eigenen Möglichkeiten anders als bisher einzuschätzen.

5.

Alter und Spiritualität

Bisher haben wir uns mit den Möglichkeiten des Menschen in der Jugend und im Erwachsenenalter beschäftigt. Es wird Zeit, dass wir uns jenem Abschnitt unseres Lebens zuwenden, den wir in unserer modernen Welt am längsten erleben. Wir haben ungefähr zehn Jahre, wo wir die Kindheit leben, 15 Jahre wo wir jung sind und höchstens 20 bis 25 Jahre, wo wir unser Erwachsenenalter leben. Doch unsere Medizin und die Wissenschaft streben danach, unser Leben immer mehr zu verlängern. Wir leben immer länger, die Zeitspanne des Alters wird immer länger, sicherlich 30 Jahre (von 50 bis 80 Jahre). Doch man prophezeit uns, dass viele von uns schon 90 Jahre und sogar 100 Jahre alt werden.

Abb. Nr. 14:
Lebensspannen
Entwicklungslinie Kindheit – Alter

Geburt	10 Jahre	25 Jahre	55 Jahre	90 Jahre
Kindheit	Jugend	Erwachsenenalter	Alter	

Gleichzeitig verachtet unsere Kultur das Alter. Wir laufen einem Jugendkult nach und verlängern die verachtetste Zeit in unserem Leben, das Alter. Ein absurdes Unterfangen. Besonders absurd hat es

mich berührt, als der Bruder einer Kollegin mit einigen Medizinern ein Buch für Männer herausgegeben hat, in dem ihnen versprochen wurde, dass sie mit Hilfe von Hormonkuren 100–120 Jahre alt werden können und sexuell aktiv bleiben. Es gab einen Run auf das Buch und diese Therapieform. Die Männer waren ganz geil darauf, 100 bis 120 Jahre alt zu werden und vor allem auch die Qualitäten der Jugend zu bewahren. Sie wollten ewig jung sein, ein alter Traum des Menschen. Das wissenschaftliche Bemühen unserer Kultur geht in die Richtung, dass wir den natürlichen Verfalls- und Alterungsprozess des Körpers hintanhalten und so ewige Jugend erlangen.
Wenn Jugend das einzig erstrebenswerte Gut für den Menschen ist, so ist das eine logische Folge dieser Einstellung. Dann müssten alle Menschen, die mehr als 65 Jahre alt sind, eigentlich total unglücklich sein, weil sie überhaupt nicht mehr dem Bild unserer Gesellschaft entsprechen. Doch wir erleben immer wieder strahlende alte Menschen, die einen inneren Reichtum aufweisen, wo neben ihnen die knackigen jungen Menschen blass und oberflächlich wirken. Es gibt also noch etwas anderes als Jugend, Schönheit und Reichtum – wie es in einer Fernsehserie heißt.
Es ist klar, dass wir Angst vor dem Alter haben, weil es ein sinnentleertes Dasein in unserer Zivilisation darstellt. In einer Leistungsgesellschaft, wo ausschließlich außerhäusliche Leistung zählt, wo Soziales immer mehr abgebaut wird, wo nur mehr Macht, Geld und Expansion von Großsystemen zählen, hat Alter keinen Stellenwert mehr. Doch ich glaube, dass es von der Natur, von der Systematik unseres Lebens her anders gemeint war. Wir müssen uns nur wieder auf ganz andere Werte als bisher besinnen. Es kann doch nicht wirklich sinnvoll sein, dass wir 30–50 Jahre dem Staat auf der Tasche liegen, verdummen, zu nichts mehr nütze sind und eigentlich nur mehr als Konsumenten von der Werbung umworben werden.
Da die Gruppe der Alten, Begüterten immer größer wird, sind sie selbstverständlich für die Wirtschaft eine ganz wichtige Zielgruppe; vor allem für Reiseveranstalter, Betriebe, die Regenerationskuren anbieten und Ähnliches. Sie haben Geld, Zeit, möchten einiges

nachholen, was in der Nachkriegszeit nicht möglich war, und werden von der Werbung als Senioren umworben. Denn das Wort Alter hat einen unguten Beigeschmack, dieses vermeidet man.
Ich war bei einer Veranstaltung, bei der ein Schweizer Werbemanager seine neuen Strategien vorgestellt hat; zum Schluss meinte er: „Die Alten haben genug Geld in der Tasche, ziehen Sie es ihnen heraus." Wenn das der einzige Wert ist, den wir in unserer Gesellschaft noch haben, dass wir als Konsumenten umworben werden, damit gierige Haie ihr Geschäft machen, möchte ich eigentlich bald sterben. In einer solchen Welt kann ich mich nicht wohl fühlen. Daher versuche ich zu zeigen, dass wir unsere Einstellung zu Alter und den Möglichkeiten des Alters von Grund auf ändern sollten. Und da können wir wieder von anderen Kulturen lernen.
Jedes Lebensalter hat seine speziellen Anforderungen, seinen Raster, den es auszufüllen gilt, seine Möglichkeiten. Ob wir jetzt das Märchen „Hans im Glück" ansehen oder die moderne Entwicklungspsychologie, ist dabei nicht so wesentlich; es sind bloß unterschiedliche Systeme. Jede Entwicklungssystematik zeigt uns: In der Jugend ist anderes gefordert als in der Erwachsenenzeit und auch im Alter. Wir haben aber in unserer modernen Welt keine Modelle, welche neuen Aspekte fürs Alter enthalten. Wir versuchen bloß, den bisherigen Status, den des Erwachsenenlebens und der Jugend so lange wie möglich aufrechtzuerhalten. Was bleibt denn übrig, wenn die Kinder aus dem Haus sind, der Beruf nicht mehr da ist, eventuell der langjährige Partner krank wird oder stirbt, unser eigener Körper hinfällig wird, wir schlechter sehen, schlechter hören, anfälliger werden für Krankheiten, weil unsere Lebenskraft schwindet? Es ist ein altes Prinzip, dass man eine Hand nur aufmachen kann, also loslassen und etwas hergeben kann, wenn man in der anderen Hand etwas Besseres hat. Warum sollten wir etwas loslassen, wenn man nur mehr leer zurückbleibt? Was können wir aber in die Hand bekommen, was ist wertvoll genug, dass wir all das, was ich vorher erwähnt habe, hergeben können: Jugend, Schönheit, Kraft, teilweise sogar Gesundheit und schließlich das Leben selbst? Was bekommen wir stattdessen? Ich getraue mich zu behaupten: in

unserer westlichen Welt nichts. Daher hält sich der Jugendkult so intensiv, bekommen wir im Fernsehen immer mehr Jugendserien vorgesetzt, die nur so von schönen, oberflächlichen, dümmlichen amerikanischen Jugendlichen strotzen.

Der Werteshift

Wenn es keine neue Dimension gibt, in die wir eintauchen können, dann ist es klar, dass wir das Bisherige halten müssen, so lange es geht. Unsere Kultur ist zwar geprägt vom christlichen Gedankengut, doch es konnte sich eigentlich nie richtig durchsetzen. Wir haben zwar unsere gesellschaftlichen Werte danach ausgerichtet, doch im individuellen Bereich sind oft ganz andere Werte wichtig gewesen. In den sechziger Jahren des 20. Jahrhunderts haben wir den Rest der gesellschaftlich relevanten christlichen Werte ad acta gelegt. Sicherlich kann das auch als eine Bereinigung gesehen werden, weil wir uns ohnehin schon längere Zeit an anderes gehalten haben. Werte, die eigentlich nichts mehr mit dem Leben zu tun haben, nicht mehr eingehalten werden, sind nicht mehr nützlich und können sozusagen absterben.

Nun haben wir dieses alte Wertesystem abgelegt. Wir nennen diesen Werteshift der sechziger Jahre die *„Sexuelle Revolution"*, weil sich die Änderung unserer Einstellung vor allem auch im Sexualbereich ausgewirkt hat. Die zu strenge und vor allem an Vorschriften orientierte christliche Sexualmoral (katholisch und evangelisch) ist einer Freiheit im Sexualleben gewichen, die bis dahin für den Durchschnittsmenschen unvorstellbar war. Sicherlich war es anfangs nur ein kleiner Kreis von Menschen, der diese Dinge auch in die Praxis umgesetzt hat.

Ich habe vor einiger Zeit mit einem Kollegen gesprochen, der in den späten sechziger Jahren auch von dieser Welle beeinflusst war: offene Ehe, Kommunen und all das. Doch er meinte, man wäre zusammengezogen, hätte diskutiert, welches Zimmer für den allgemeinen Sex bereitstünde, um dann wieder in die eigenen Kleinfamilienzimmer zu gehen und es eigentlich bei der Diskussion darüber bewenden zu lassen. Es wurde zwar alles, was bis dahin Gültigkeit hatte, über den Haufen geworfen. Doch die Menschen selbst konnten gar nicht so schnell umschalten, vor allem dann nicht, wenn sie noch im alten Werteschema erzogen wurden.

Doch jetzt, 30–40 Jahre nach diesem Umschwung, erleben wir in vielen Dimensionen die Auswirkungen dieser inneren Revolution. Sexkonsum, nicht nur in Europa, sogar als Anbot bei Reisebüros ist nichts Ungewöhnliches mehr. Sex wird ganz offen zum Genuss- und Konsumgut erklärt; vor allem seit die östlichen europäischen Länder geöffnet wurden. Von dort bekommen wir nicht nur billiges Schweinefleisch, Pilze und Beeren, sondern auch weibliche Prostituierte, um die männliche Gier in der westlichen Welt (vielleicht auch weibliche) zu befriedigen.

Wir merkten bereits in den letzten Jahren, dass wir eine Kultur ohne die üblichen ethischen Werte geworden sind, wo Äußeres wichtiger ist als Inneres. Wir haben es mit einer Gesellschaft ohne Religion und Spiritualität zu tun, wo die Kirchen endgültig ihren Einfluss verloren haben – wie immer man das bewertet. Dieser *Werteshift*, der von vielen Menschen unbemerkt vollzogen wurde, ist jetzt stark spürbar. Werte wie Treue, Beziehung, Familie, Ordnung, Inneres werden uninteressant. Das Hauptaugenmerk wird auf Äußeres gerichtet, auf Strukturen in Wirtschaft und Gesellschaft, nicht auf die ethischen Hintergründe.

Wir sind in den letzten 100–150 Jahren immer mehr außenorientiert geworden, interessiert an der Oberfläche der Dinge. Nur das, was wir angreifen können, existiert für uns. Nur die Erfolge, die man auch messen kann, sind wirklich. Diese Einstellung schlägt mir vor allem bei meinen Wirtschaftsschulungen immer wieder entgegen. Der einzige Erfolg ist der große Gewinn, ausgewiesen in der Bilanz. Die stabile Firmenstruktur, die Motivation der Mitarbeiter, das gute Betriebsklima gehören nicht zu den Erfolgsfaktoren. Sie werden nur dann in Betracht gezogen, wenn sie unmittelbar und nachvollziehbar zu sichtbarem Gewinn und zur Expansion führen. Sicherlich sind diese Einstellungen auch von der von uns so hoch geschätzten Wissenschaft mitgestaltet worden. Gerade die naturwissenschaftlich orientierten Disziplinen gehen in diese Richtung. Inneres, nicht Sichtbares, gerät ins Out.

Vor diesem Hintergrund spielt sich *Alter* ab, wird unsere Einstellung beeinflusst. Es gibt aber auch andere Kulturen, mit anderen Wertepräferenzen, wo Alter auch einen anderen Stellenwert hat. *Martin Rohr* zeigt in seinem Buch „Der wilde Mann", dass die Hindus eine ganz andere Einstellung zum Alter haben (nur des Mannes, Frauen sind dort noch immer unterbewertet und von Persönlichkeitsentwicklung und der spirituellen Entwicklung ausgeschlossen). Das erste Stadium im Leben des Mannes ist das *Schülerstadium.*

Wenn ein Mann eine Familie gründet und einen Sohn bekommt, ist er ein *Hausvater*. Wenn dann sein Sohn bereits wieder einen Sohn erhält, muss der Vater das Haus verlassen und wird *Sucher* oder *Waldbewohner.* Das bedeutet in der Praxis, er geht in ein Kloster und lernt dort meditieren und andere spirituelle Techniken. Er führt in dieser Zeit ein Leben des Geistes und bleibt mindestens zwei Jahre von zu Hause weg.

Danach kommt er wieder in das ehemalige Heim zurück, aber als ein ganz anderer. Er wird dann zum *alten Weisen.* Durch den Weggang musste er loslassen, ob er wollte oder nicht. Er musste dem Sohn den Haushalt übergeben. Er bekommt durch diese lange Zeit des Wegbleibens Distanz. Und er bekommt etwas, wozu er wahrscheinlich bisher gar nicht gekommen ist: Er macht die ersten Schritte in Richtung Spiritualität unter Anleitung von geistigen Lehrern im Kloster.

Das wäre doch ein Modell, dessen wir uns auch bedienen könnten. Wir haben genügend Klöster, wo sich Unternehmerinnen und Unternehmer ab einem bestimmten Alter einquartieren könnten und die ersten Schritte in Richtung Spiritualität unter Anleitung machen könnten. Viele „Übernehmer" in Klein- und Mittelbetrieben und auch im bäuerlichen Bereich wären dankbar für eine solche Lösung. Denn nach zwei bis drei Jahren des Rückzugs hätten die Altunternehmer die richtige Distanz, um wirkliche Coaches ihrer Nachfolger zu sein. So könnten sie ihre lebenslange Erfahrung einbringen, ohne

die Dinge in der Hand zu behalten. Sie könnten sich zurückziehen, sich lösen und dadurch besonders gute Berater werden.
Wir benötigen für spirituelle Techniken, für Loslassen-Können, für die Distanz und Ruhe bestimmte Vorbedingungen, die erst im Alter ideal erfüllt werden. Die Zeit der Jugend ist die Zeit des Aufbaus. Wenn wir zu früh loslassen, ohne vorher die erstrebten Ziele in der Hand gehabt zu haben, führt das zu Fehlentwicklungen. Sicherlich gibt es Sonderbegabungen und Fälle, wo Menschen schon in jungen Jahren einen geistigen Weg einschlagen; doch das ist sicherlich die Ausnahme. Günstig ist es, wenn junge Menschen erst ihre eigenen Fähigkeiten entdecken und ausbilden, sich einer Partnerschaft zuwenden, eventuell eine Familie gründen, etwas Sichtbares schaffen. Auch die Erwachsenenzeit ist noch die Zeit des Aufbaus, wo vieles, was in der Jugend begonnen wurde, zur Entfaltung kommt. Wo Erfolg sich einstellt, wo man etwas „erreicht".
Es ist wichtig, nicht zu früh nach Geistigem zu streben, bevor man das Weltliche nicht durchlebt und erforscht hat. Die Erfahrung eines erfolgreich gelebten Lebens ist oft eine gute Voraussetzung für eine Hinwendung zum geistigen Leben. Wir finden in der Geschichte vieler Heiliger (nicht nur der christlichen), dass diese oft Mitte vierzig ihr Leben ändern. Denken wir nur an den Schweizer Nationalheiligen Klaus von der Flüe, der eine ganz normale Familie und einen Betrieb hatte und sich dann, im Einverständnis mit seiner Frau, in die Einsiedelei zurückzog, dort ein Leben des Geistes anfing und Berater der Herrschenden wurde.
Auch *Jogananda,* ein Yoga-Heiliger, lebte ein normales „Durchschnittsleben" mit Familie und eigenem Betrieb und kam erst danach mit der Dimension des Geistes in Berührung und erreichte einen unvorstellbaren Höhenflug. Auch die von mir so verehrte Teresa von Avila war zwar schon seit ihrer Jugend im Kloster, doch den spirituellen Durchbruch hatte sie erst in der Mitte der Vierziger. Es scheint also der Hinweis des Märchens von „Hans im Glück" recht realistisch zu sein: Zuerst lebe deine Qualitäten, erkunde dich in der Partnerschaft, in deinen vielfältigen Aspekten, und dann lasse dich erst „abschleifen".

Dies steht aber in völligem Widerspruch zu dem, was wir bisher in der Psychologie gelehrt haben. Freud meinte noch, dass wir nur bis 40 Jahren überhaupt eine Analyse machen könnten. Ist das sinnvoll und realistisch?

Perspektiven in der Lebensmitte

Ich habe mich auch in meinen Seminaren eingehend mit diesem Thema beschäftigt, vor allem im Seminar mit dem Titel „Perspektiven in der Lebensmitte". Dabei erstaunt mich immer wieder, wie rasch und dynamisch Menschen zwischen 55 und 62 Jahren in diese neuen Dimensionen einsteigen. Wie leicht sie sich vom Alten lösen, wenn sie die neuen Perspektiven erkennen. Doch anfangs ist es schwer, sie überhaupt zu diesem Seminar zu bringen. Wenn ich bei einem Großkonzern für die älteren Manager – kurz vor der Pension – dieses Seminar anbiete, so muss ich vorher in einer Präsentation für die künftigen Seminarteilnehmer zu diesem Seminar motivieren. Sie spüren ganz genau, dass sie mit dem Job auch das Prestige verlieren. Es ist sogar schwierig, sie zur Präsentation dieses Seminars zu bringen, weil sie den Eindruck haben, allein wenn sie den Präsentationsraum betreten, sind sie für die anderen Kollegen im Out.

Sie wollen sich mit dem Problem: „Was ist, wenn ich in Pension gehe?", gar nicht beschäftigen. Sie machen einfach nur die Augen zu und möchten so lange wie möglich im Job bleiben. Erst wenn sie motiviert werden, sich auf Neues einzulassen, sind sie für diesen zweitägigen Prozess bereit. Sie denken am Anfang des Seminars noch nicht daran, etwas in ihrem Lebens umzustellen, Neues ins Visier zu nehmen, sondern wollen nur das Alte hinauszögern, denn in ihrem Bewusstsein folgt nichts, es gibt für sie keine neuen Perspektiven. Nach diesen zwei Seminartagen, nach einer ausführlichen Lebenslaufanalyse, wo sich die Seminarteilnehmer oft das erste Mal in ihrem Leben mit inneren Bildern auseinandergesetzt haben, sind sie bereit, Neues anzusehen. Sie merken, dass ihre Fähigkeiten und Qualitäten, die sie sich im Laufe des Lebens erwor-

ben haben, nicht verloren sind, sondern nur anders eingesetzt werden können.
Wir werden ja als Gesellschaft in Zukunft auf diese Qualitäten der Pensionisten zugreifen müssen, weil wir sie brauchen; in gemeinnützigen Vereinen, im Sozialbereich, wo viele Menschen zwar äußerlich gut versorgt sind, doch innerlich vereinsamen. Wir werden uns Sozialarbeit im bisherigen Stil nicht mehr leisten können. Alle von uns werden das Anbot bekommen, ehrenamtlich für die Gesellschaft solange wie möglich unsere Dienste anzubieten, sich ausbilden zu lassen, oder auch bereits erworbene Qualitäten zur Verfügung zu stellen: in der Verwaltung eines gemeinnützigen Vereins, als Sterbebegleiter, als Krankenbetreuer, als Altenbetreuer. Vieles, was jetzt noch unbesetzt ist, wird von den Alten besetzt werden.
Auch in Altersheimen bewährt es sich bereits, wenn die Menschen dort nicht überversorgt und zu Tode betreut werden, sondern wenn sich die noch Aktiveren um die anderen kümmern können. Es geht also im Alter einerseits darum, dass wir unsere Qualitäten sinnvoll für andere einsetzen. Es geht aber noch um anderes. Alles, was wir bisher versäumt haben, wo wir in der Tretmühle des Lebens eingespannt waren, sollten wir uns ansehen. Einiges davon können wir noch nachholen, und das sollten wir auch, sei es im Kreativen, im Sozialen oder dass wir vielleicht noch ein „unnötiges" Studium machen. Wir brauchen nicht mehr Rücksicht auf unseren Lebensunterhalt nehmen, sondern können eigentlich machen, was uns Freude macht, eine Freiheit, die wir im bisherigen Leben nie hatten, einfach Dinge genießen lernen.

Möglichkeiten im Alter
- Nachholen, was bisher nicht möglich war: Kreatives, Reisen, Partnerschaft, genießen lernen etc.
- Ausweitung der eigenen Möglichkeiten (evtl. auch durch Studium), Neues anfangen
- Genaue Analyse der eigenen bisher erworbenen Qualitäten
- Überlegungen, wo man diese sinnvoll einsetzen kann
- Abschleifen der eigenen Persönlichkeit, mit Hilfe eines Coach

- Gezielte Beschäftigung mit geistig-spirituellem Leben, Erlernen von spirituellen Techniken
- Gezielte Beziehung zu ganz Jungen aufbauen (Enkelkindern, Leihenkelkindern)

Um für Neues Platz zu machen, müssen wir aber vorerst den Speicher unserer bisherigen Gewohnheiten und Einstellungen ausräumen, uns von Altem trennen. In jeder neuen Lebensphase ist das nötig, damit man in die nächste Phase eintreten kann. Auch in der Kindheit, in der Übergansphase zur Pubertät, müssen wir bereits etwas aufgeben, und zwar die *Familie*, die uns bisher Schutz und Entwicklungsraum war, um in die Pubertät eintreten zu können. Menschen, die dazu nicht imstande sind, bleiben in einem Teil ihres Wesens kindlich und von der Familie abhängig. Sie werden nie erwachsen, wenn sie diese Ablösung nicht vollziehen.
Als Jugendliche müssen wir ebenso loslassen, um ins Erwachsenenalter eintreten zu können. Um den Übergang zum Erwachsenenalter zu schaffen, ist es wichtig, sich von den Abhängigkeiten der Elterngeneration zu lösen. Dies ist sowohl im emotionalen als auch im finanziellen Bereich und Versorgungsbereich nötig. Das Erwachsenenalter ist ja gekennzeichnet durch Autarkie, von Selbstständigkeit im Handeln und Denken. Wir lassen uns dann nicht mehr vorschreiben, wen wir zum Freund wählen, bestimmen unsere eigenen Interessen, Beruf, Partnerwahl und Lebensweg. Wenn dies nicht der Fall ist, bleiben wir abhängig vom Urteil und der Steuerung der Eltern und versäumen oftmals unser eigenes Leben.
Wenn wir den Schritt des Lösens von den Eltern nicht machen, können wir kein eigenes Leben aufbauen; ein Schritt, der vielen Jugendlichen sehr schwer fällt, vor allem den sog. „Muttersöhnen" im bäuerlichen Bereich. Sie können sich nicht von der Macht und dem Urteil der eigenen Mutter lösen und sind daher noch gar nicht fähig für eine Partnerschaft. Sie sind nicht frei für die eigene Partnerin, die dann oft ein Leben lang darunter leidet, dass der eigene Partner nicht zu ihr, sondern vielmehr zur Mutter hält. In unserem Projekt „Kraftfeld Familie", wo der Generationenkonflikt im bäuerlichen

Betrieb im Mittelpunkt steht, begegnen wir viel Leid und Verzweiflung, weil diese Ablösungen nie vollzogen wurden.
Warum müssen wir uns in der Pubertät von den Eltern lösen? Um frei zu sein, die nächste Stufe unserer Entwicklung einzunehmen. Was müssen wir neu aufbauen? All das bedingt, dass wir eine eigene Identität erhalten, die in der Pubertät noch nicht gegeben ist. Wir wissen mit der Zeit, was wir können, welche unsere Fähigkeiten, aber auch, wo unsere Grenzen sind. Wir müssen außerdem lernen, Verantwortung für uns und andere zu übernehmen. Wir streben auch danach, in den gesellschaftlichen Bereich auszugreifen und diesen mitzugestalten.
Es leuchtet uns allen ein, dass wir uns in der Phase der Kindheit und Pubertät von Altem lösen müssen, um Neuem Platz zu machen. Nur im Alter wollen wir das nicht akzeptieren. Wenn wir aber Altes nicht aufgeben, kann Neues nicht wachsen, weil es keinen Raum hat.

Was müssen wir bei der Entwicklung vom Erwachsenen zum alten Menschen loslassen?
Es ist uns eigentlich klar, was wir alles loslassen müssen: unsere Kinder, unseren Beruf, alles, was wir bisher aufgebaut haben. Wir müssen auch die bisherige Form der Familie und die Möglichkeit, in die Außenwelt gestalterisch einzugreifen, loslassen. Die Frage erhebt sich da, was gibt es Neues?

Was ist das Neue, das wir uns erobern müssen?
Wenn wir nun in die Dimension des Alters eintreten, haben wir auf vielen Entwicklungsstufen Erfahrungen gesammelt. Wir bauen sozusagen auf diesem vorhandenen Gebäude auf. Einige werden sich fragen, ob wir mit dem Erwachsenenalter nicht schon alles erreicht haben. Was könnte noch kommen? Jetzt kann man ja nur mehr abbauen, warten, bis man krank wird und stirbt. In der westlichen Welt, in der wir nur äußere Dinge schätzen und fördern, wird im Alter eine gesellschaftlich unnütze Phase gesehen. Es ist überhaupt nicht klar, dass gerade das Alter die Phase ist, in der alle vorherigen

Fähigkeiten voll zum Tragen kommen, dass gerade das Alter die Krone unseres Lebens sein kann.
Haben wir bisher nach außen gewirkt, waren gezwungen, Geld zu beschaffen, Formen für unsere Familie zu schaffen, so geht es jetzt um unseren Innenraum. Wir werden erst ab 45 reif für die geistige Dimension. Erst dann haben wir alle Voraussetzungen, um in neue Räume des Geistes vorzustoßen. Tun wir es zu früh, z. B. bereits im Jugendlichenalter, kann es zu Fehlentwicklungen kommen. Die geistige Reife ist dem Alter vorbehalten.
Es geht also in der Phase des Alters um endgültige Ausreifung, um Entwicklung all der Qualitäten, die bisher zu kurz gekommen sind – aus welchem Grund immer. Es ist unsere Chance, in die Tiefe zu gehen, von den Äußerlichkeiten und Oberflächlichkeiten weg zu einer neuen Geistigkeit und Spiritualität zu kommen; in einer neuen Freiheit Dinge zu genießen, nachzuholen, aber auch Neues zu entdecken.

Alter und Psychotherapie

Wie bereits erwähnt, hat sich die Psychotherapie bis jetzt vor allem um Junge und Menschen im Erwachsenenalter gekümmert, damit sie fähig sind, ihr Leben sinnvoll und befriedigend zu gestalten. Von einer Alterstherapie habe ich bisher noch nichts gehört. Doch ich glaube, wir sollten uns das Märchen vom „Hans im Glück" zu Herzen nehmen. Wenn wir alles hinter uns haben: Familie, Beruf evtl. sogar Partnerschaft, sollten wir in die nächste und oft längste Phase unseres Lebens bewusst einsteigen, uns dafür vorbereiten lassen. Zuerst ist es wichtig, über das bisherige Leben einen Überblick zu bekommen und dies mit jemandem zu tun, der vielleicht auf Dinge hinweist, die uns bis jetzt nicht aufgefallen sind. Es werden Muster und Zusammenhänge sichtbar, die uns bisher gar nicht bewusst waren, persönliche Muster, die sich durch unser ganzes Leben ziehen.
Was für einen Sinn hat das für mich gehabt? Wohin wollte mich das Leben führen, was ist jetzt noch meine Aufgabe? Wo sollte ich noch Korrekturen anbringen, neue Aspekte anpeilen? Was muss ich noch

lernen, was umstellen? Das sind Fragen, die wir uns nicht nur in der „Midlife-Crisis" stellen sollten, sondern am Tor zum Alter (ab 58–62). Beim „Hans im Glück" ist diese Phase des „Abschleifens" zwischen 56 und 63. Wenn wir nun annehmen, dass sich unser ganzes Leben etwas nach hinten verschiebt, wird klar, dass die frühen und späten sechziger Jahre für den Menschen der westlichen Welt eine ganz wichtige Bedeutung für diese spezifische Persönlichkeitsarbeit haben.

Es ist die Zeit der Bilanz, um Altes zu überdenken und nochmals anzusehen, ob vielleicht noch eine Korrektur möglich und notwendig ist. Dann gibt es kein Erstarren im Alter, kein Beharren in den eigenen, oft destruktiven Mustern, wodurch wir dann im Alter eine Belastung für unsere Umwelt werden. Wir werden im Alter dann eine Belastung für andere, wenn wir in Selbstgerechtigkeit unser bisheriges Leben als perfekt verteidigen wollen; wenn wir nicht imstande sind, die Fehler, die ganz natürlich sind, sich auch einzugestehen. Ich habe in den letzten Jahren immer wieder vor allem Frauen über 70 in den Seminaren und Einzelsitzungen begleitet, die genau das machen: Bilanz ziehen und etwas erledigen, was schon Jahre und Jahrzehnte ansteht.

Es ist dabei erstaunlich, wie rasch diese Menschen die Zusammenhänge begreifen. Im Vergleich zur Psychotherapie mit Jungen erlebe ich, dass alte Menschen vieles rascher erfassen, weil sie ja alles selbst durchlebt haben. Sie spüren die Lebenszusammenhänge, eine tiefe Weisheit, die nur gehoben werden muss. Junge Menschen sehen dies alles noch analytisch, theoretisch, und das, was der Alte schon gelebt und erlebt hat, mutmaßt der Junge noch; er kennt den Stellenwert der Dinge noch nicht.

Scherenschleifer: Coach des Alters

Meiner Erfahrung nach ist eine intensive Vorbereitung für diese Lebensspanne äußerst wichtig. Wir sollten das, was wir noch nicht erledigt haben, was ansteht, endlich erledigen. Wir wissen ja nicht, wieviel Zeit uns noch bleibt. Dabei ist mir persönlich wichtig, dass wir uns bewusst sind, dass wir auch jetzt noch die Persönlichkeits-

entwicklung in Angriff nehmen können. Wenn wir uns bisher nie mit uns selbst beschäftigt haben, nie mit unserer eigenen Person bewusst auseinandergesetzt haben, dann ist es höchste Zeit, es jetzt zu tun. Wir haben Zeit und viele von uns auch Kraft und finanzielle Mittel, dass wir uns das haben leisten können.
Es muss ja nicht eine schwere Krankheit diese Funktion erfüllen, indem sie uns aufs Lager wirft und uns zwingt, nachzudenken und neue Wertigkeiten zu bekommen.
Wir können das auch bewusst selbst gestalten und uns fragen: Wie habe ich die einzelnen Phasen und Entwicklungsabschnitte meines Lebens gelebt? Was habe ich ausgelassen, was kann ich jetzt noch nachholen, wovon muss ich endgültig Abschied nehmen? Welches sind meine Stärken, die ich in jahrelangem Alltagstraining aufgebaut habe? Welches sind meine Schatten, die mir vielleicht noch gar nicht bewusst sind? Es ist wichtig, sich einen „Scherenschleifer"zu organisieren, einen Berater oder Therapeuten, der uns bei diesem Prozess begleitet; denn allein sitzt man immer wieder den Tricks des eigenen Ich auf.
Ein nüchterner, objektiver Blick eines Begleiters bei diesem Prozess bringt viel. Selbstverständlich schleift das Leben uns ab; doch es können noch immer Wunden zurückgeblieben sein, die nicht verheilt sind, die wir nicht umwandeln konnten in Sinnvolles, die uns noch immer weh tun und unser Leben vergiften. Ich denke da an meine Schwiegermutter, die noch am Totenbett ihrer Mutter nicht verzeihen konnte, dass sie ihre Brüder vorgezogen hat, dass all ihr Bemühen um die Liebe und Anerkennung dieser Mutter nichts gefruchtet hat. Hier wäre eine Beschäftigung mit diesen Aspekten ihres Lebens wichtig gewesen, damit sie in Frieden sterben hätte können.
Was wäre das Ziel einer Psychotherapie im Alter? Im Vordergrund steht nicht Krankheit oder Gesundheit, sondern Entwicklung, Entfaltung, Selbsterkenntnis; Zusammenhänge im eigenen Leben erkennen und so eine Grundlage für Spiritualität zu legen. Ich sehe in einer *Alterstherapie* eine Vorbereitung für die Jahrzehnte des Alters. Erst dann können wir uns von allem lösen und dadurch wirklich

nützlich werden. Es geht darum, „alte Weise" zu werden, nicht die Albernheiten der Jugend nachzuahmen, sondern in einer neuen Freiheit gerade der Jugend ein Vorbild zu sein; wie herrlich und weit der weitere Lebensweg sein kann, wie schön es ist, reif zu werden, dass das mit keinem jugendlichen Körper aufzuwiegen ist.
Es gibt in unseren Märchen solche Vorbilder, die wir eigentlich noch zu wenig beachten, wie z. B. die „Frau Holle", die eine Lehrerin und Führerin der Jugend ist, eine Altersvorstellung, die in der westlichen Welt nicht mehr opportun ist. Wir müssen in den Fernen Osten gehen, um solche spirituelle Meister zu finden. Doch diese sind vielleicht sogar in uns selbst. Entdecken wir sie!

Neue Themen im Alter
Krankheit und Tod werden Themen, die die Gespräche alter Menschen beherrschen, denn gerade diese Bereiche sind mit Angst und Unsicherheit verbunden. Unsere Gesellschaft gibt ihnen aber keinerlei Hilfe, um sich diesen Themen produktiv zu nähern. Wir verdrängen sie . Wer sich hingegen mit dem Kranksein aktiv auseinandersetzt, macht die Erfahrung, dass sich aus diesem Zustand dramatische Veränderungen zum Besseren ergeben können. Doch dazu muss der Mensch die Krankheit als Chance sehen und als Aufforderung, seinen Lebensstil zu ändern.
Doch auch andere Themen werden wichtig: wie Essen, Bewegung, Sport und Disziplin. Alles, was wir dem Körper antun, wo wir über die Stränge schlagen, gleicht der alte Körper nicht mehr so wie in der Jugend aus, sondern schlägt sofort zurück. Damit zwingt uns unser Körper zu einer bestimmten Form von Askese und Disziplin. Personen, die diese Disziplin leben, die genügend Bewegung machen, die mäßig essen und trinken, die ihre Süchte abgelegt haben, die ihren Geist wach halten, indem sie sich mit Interessantem beschäftigen, bleiben sehr lange fit und können den natürlichen Verfallsprozess des Körpers lange hinauszögern. Es gibt heute schon genügend hohe Achtziger, ja sogar Personen über 90 Jahre, die aktiv, lebendig, geistig und körperlich frisch sind. Aber sie alle haben die Torheiten der Jugend und des Erwachsenenlebens abgelegt und eine

stille und vernünftige Reife erlangt, zu der auch eine sinnvolle Behandlung des Körpers gehört.
Im Zuge meiner Forschungstätigkeit über die Gesundheitssituation in Europa flatterte mir eine Information eines russischen Kollegen auf den Schreibtisch. Er übermittelte mir Ergebnisse einer Untersuchung einer Menschengruppe im Kaukasus, die mehr als 120 Jahre alt werden. Teilweise wissen sie ihr Alter gar nicht mehr. Sie sind aktiv, frisch, geistig rege, gesund, nicht gebrechlich und hinfällig.

Nun wurde untersucht, welche Lebenscharakterstika diese Menschen aufweisen:

1. Sie arbeiten körperlich bis ins hohe Alter in frischer Luft, ihrem Alter angemessen. Sie sind weder faul noch überfordern sie sich.
2. Je älter sie werden, desto mäßiger essen sie, sie meiden Alkohol und andere Drogen.
3. Sie leben vorwiegend in großen Familieneinheiten und sind in einer Gruppe von ihnen bekannten Menschen eingebettet.
4. Sie haben eine durchwegs positive Lebenseinstellung, was sich vor allem bei gemeinsamen Festen auswirkt, wo sie auch noch im hohen Alter kräftig mittun.

Spirituelle Psychotherapie

Meine therapeutische Arbeit habe ich bereits vor über 25 Jahren in der Ersten Universitätsklinik in Wien angefangen, als ich noch in Ausbildung bei Prof. *Erwin Ringel* war. Ich begegnete in der Adlerianischen Individualpsychologischen Therapieform einer Methodik, die ich noch immer als sehr realitätsnah, da am Sozialen orientiert, schätze. Es handelt sich dabei um eine Gesprächstherapie, die versucht, den Klienten nicht abgehoben von seinem persönlichen Hintergrund, sondern im Kontext mit seinem Umfeld, seinen Beziehungen und seinem Beruf zu sehen. Nach Abschluss meiner Ausbildung und einer langjährigen klinischen Erfahrung ging ich mit diesen erworbenen Fähigkeiten ins Freifeld, um meine therapeutischen Fähigkeiten den Menschen, die ihrer bedürfen, anzubieten.

Doch sehr rasch stieß ich an meine Grenzen, merkte ich, dass mir diese Methode nicht genügte, und suchte weiter. Ich entschloss mich nach langem Zögern (ich war immerhin schon 40 Jahre), noch eine tiefenpsychologische Ausbildung zu machen, die nicht auf Gesprächsbasis aufbaut, sondern mit inneren Bildern arbeitet, das *Katathyme Bilderleben* (jetzt noch komplizierter: Katathymes Imaginatives Bilderleben). Anfangs hatte ich Angst vor dieser sehr tiefen Arbeit, da man ja im Zuge der Ausbildung nicht nur als Therapeut, sondern auch als Patient agiert, um diese Therapieform auch am eigenen Leib zu erleben.

Unsere Ausbildungsgruppe, die schließlich acht Jahre zusammenblieb, bestand aus acht Personen, Frauen und Männern, Medizinern und Psychologen. Wir hatten in den Jahren regelmäßig Seminare, Supervisionsgruppen und gestalteten ein umfassendes Ausbildungsprogramm mit, wo auch wissenschaftliche Theorien integriert waren. Diese Gruppe war unter Anleitung unseres Ausbildners sehr experimentierfreudig, wie ich das bei den Schamanenmethoden bereits angedeutet habe. Im Zuge dieser intensiven Gruppenausbildung entschloss ich mich, mich auch noch intensiver mit mir selbst zu beschäftigen, und nahm bei meinem Ausbildner Einzelsitzungen. Diese abermalige Arbeit an und mit mir selbst hat mir eine tiefe Sicherheit und Ruhe gebracht. Ich lernte, noch mehr als bisher meinem Gefühl, aber auch meiner Intuition zu vertrauen. Ohne diese Ausbildung hätte ich diesen meinen Weg nicht so klar gehen können. Ich verdanke vor allem meinem ausbildenden Therapeuten sehr viel, er war für mich so etwas wie ein „Scherenschleifer". Ich konnte dann mit Hilfe der inneren Bilder viel effizienter mit Patienten arbeiten. Doch nach einiger Zeit stieß ich auch da wieder an Grenzen. Vor allem bei Patienten, die mit sehr schweren Störungen, sehr tiefen Verletzungen und klinischen Diagnosen kamen, merkte ich bald, dass sie zwar recht rasch in ihre verdrängten destruktiven Gefühle mit Hilfe dieser Methode kamen, doch der Weg heraus war nicht abzusehen.

Ich fragte daher immer wieder in Ausbildungsgruppen und auch meinen eigenen Lehrtherapeuten, welche effiziente Methoden es gäbe, um den Patienten bald aus diesen so belastenden Gefühlen herauszubringen bzw. dieses Gefühl zu transformieren. Denn wenn die Personen zu lange in ihren Aggressionen gegen die Eltern oder in ihrer Verzweiflung blieben, wirkte sich das ungünstig auf ihr gesamtes Wesen aus. Doch ich erhielt bei all meinen Fragen keine befriedigende Antwort.

Eines Tages schickte mir eine ehemalige Patientin, die mit Hilfe einer Therapie mit den inneren Bildern (Kathatymes Bilderleben) ihr schweres psychosomatisches Leiden heilen konnte, ein Buch *„Indianisches Chakrenheilen"*. Sie empfahl mir wärmsten es zu lesen. Doch als ich Titel und Cover sah, hatte ich keinerlei Bedürfnis dazu. Ich dachte: „Schon wieder so ein esoterischer Unsinn", denn die Indianer kennen keine Chakren. Daher ist indianisches Chakrenheilen ein Unsinn. Außerdem war das Cover so primitiv und schlecht gestaltet, dass ich das Buch über ein Jahr liegen ließ. Ich weiß nicht mehr genau, was mich dann doch bewogen hat, es zu lesen.

Ich glaube, meine ehemalige Patientin rief mich mehrmals an und fragte, wie es mir denn gefallen habe. Jedenfalls entschloss ich mich eines Tages dazu, schlug die erste Seite auf und hörte nicht mehr zu lesen auf. Es fesselte mich von der ersten bis zur letzten Seite. Ich habe inzwischen auch ein Seminar bei einem Schüler von *Gallegos*, dem Autor dieses Buches und „Erfinder" dieser Therapieform, gemacht, wo auch einige theoretische Hintergründe beleuchtet wurden. *Eligio Stephen Gallegos* war Professor für Psychologie an einer kleinen amerikanischen Universität und gab diese Position auf, um sich nur seiner Arbeit für Psychotherapie zu widmen. Er vertiefte sich in die Schriften von C. G. Jung, hatte aber auch Beziehung zu den Traditionen der Indianer und schuf mit Hilfe seiner Intuition diese Therapieform.

Jedenfalls ging ich sofort daran, mit dieser Methode zu experimentieren. Ich rief meine ehemalige Patientin an, die mir das Buch geschenkt hatte, und bat sie, sich für eine Sitzung zur Verfügung zu stellen, was sie auch tat. Es war für mich sehr einfach, mich in diese Methode einzuleben, da ich schon seit Jahren mit Krafttieren bei meinen Meditationsgruppen arbeite. Durch die jahrelange tiefenpsychologische Ausbildung der Arbeit mit inneren Bildern und auch Chakrenarbeit ging mir die Methode locker von der Hand. Doch ich sah auch grundlegende Unterschiede zu anderen Methoden, die mich faszinierten. Trotzdem arbeitete ich noch einige Zeit mit Bekannten, die sich freiwillig zur Verfügung stellten, um ganz sicher in der Handhabung der Methodik zu werden und die Vor- und Nachteile abschätzen zu können und die Brauchbarkeit zu überprüfen. Als ich mich sicher fühlte, bot ich diese Methode meinen Meditationsteilnehmern als Ergänzungsangebot in Einzelsitzungen an und wunderte mich über ihre Wirksamkeit.

Indianisches Chakrenheilen

Ich war immer wieder erstaunt über die Einfachheit und Klarheit dieser Therapieform, die Gallegos, selbst Therapeut, bereits Anfang der neunziger Jahre in Amerika ganz intuitiv gefunden hatte. Er verband den theoretischen Hintergrund eines *C. G. Jung* über Imagination und das kollektive Unbewusste mit den Vorstellungen der Ureinwohner Nordamerikas, von inneren Tieren geführt und beschützt zu werden; und mit dem Wissen östlicher Kulturen, dass die Chakren – Energiezonen in unserem Körper – unser Wohlbefinden und unsere Gesundheit beeinflussen. Gallegos ist mit dieser Methodik ein genialer Wurf gelungen, den man wahrscheinlich nur dann wirklich schätzen kann, wenn man selbst schon jahrelang therapiert hat.

Methodik des indianischen Chakrenheilens

Nach einem Vorgespräch mit dem Klienten, wo man seine Lebenssituation etwas durchleuchtet, ihm auch ein Gefühl der Sicherheit und Geborgenheit vermittelt und die Systematik der Methodik erklärt, schließt der Klient die Augen und wird vom Therapeuten entspannt. Sodann konzentriert sich der Klient auf ein *Chakra,* das der Therapeut vorgibt; er lässt die Visualisierung eines Tieres zu. Meiner Erfahrung nach kommen bei Menschen, die besonders angespannt, leistungsorientiert und daher unter Druck sind, oftmals zuerst Farben. Auch wenn sie den Zusammenhang von Chakra und Farben nicht kennen, kommen die entsprechenden Chakrenfarben. Dann schält sich langsam ein Tier heraus; oftmals etwas ganz andere als man sich selbst vorstellt, als man mit dem „Kopf wählen würde".

Nachdem nun jedes Chakra mit einem Tier „besetzt" ist, lädt man die Tiere ein, sich zu treffen, „eine Konferenz zu halten", miteinander in Kontakt zu treten.

Schon allein die Art der Tiere, aber auch das Zusammenspiel lässt einen routinierten Therapeuten diagnostisch mitdenken. Ich hatte z. B. eine Psychologiestudentin, die immer wieder unter schweren Angstzuständen gelitten hat. Ich schlug ihr diese Methode probeweise vor, und sie willigte ein. Beim Basis-Charka zeigte sich eine große gefährlich bedrohliche Krake, beim Skaral-Charka eine bösartige giftige Schlange und beim Kehl-Chakra eine giftige schwarze Tarantel.

Ich konnte die Angst richtig mitfühlen. In einer klassischen Therapie würde man sich intensiv mit dieser Angst, mit den negativen Gefühlen beschäftigen und nachverfolgen, wann sie entstanden sind, wie es zu diesem negativen Selbstbild gekommen ist. In dieser Methodik überlässt man die Führung des Prozesses ganz den positiven Kräften der Klientin, hier in Form von Krafttieren.

Es wurde in Tierkonferenzen immer wieder besprochen, was denn zu tun sei. Als erstes wurde die Tarantel aus dem Kreis verbannt und durch ein anderes Tier ersetzt. Ähnliches passierte auch mit den anderen Tieren, und die Angstproblematik änderte sich. Außerdem kamen vereinzelt Szenen aus der Kindheit, die hochstiegen und genau zeigten, wie denn diese Angst entstanden sei. Bei dieser Methodik tritt der Therapeut in den Hintergrund. Denn normalerweise komme ich mir oft wie ein Detektiv vor, der einem vom Patienten achtlos geäußerten Gefühl nachspürt, Assoziationen ins Bild

einfügt, bei ergänzenden Worten aufhorcht und so dem Patienten hilft, seine wirren Lebensfäden zu entwirren, das Gefühlschaos durchschaubar zu machen und emotional aufzulösen.
Bei dieser Therapieform ist es anders. Man arbeitet ausschließlich mit den unterschiedlichen Aspekten der Kraft des Klienten, und diese übernehmen die Führung im therapeutischen Geschehen. Der Therapeut ist eine Art fachlicher Begleiter, der immer wieder auf die Auskunftsinstanz dieser Kräfte hinweist, den Klienten immer wieder auf den Rat und die Einsicht der eigenen Krafttiere zurückführt. Wenn eine Person gewohnt ist, mit dieser Methodik zu arbeiten, was relativ rasch geht, dann kann sie mit ihren Kraftaspekten in Form von Tieren in Kommunikation treten, sie Dinge fragen und Antworten bekommen.
Die Antworten sind aber anders, als ich sie aus den Tiefenbildern anderer therapeutischer Methoden kenne. Sie ähneln den Antworten, die ich bei den Meditationskursen von den Teilnehmern höre, wenn sie mit ihren Krafttieren oder mit ihren Geistigen Führern sprechen. Was ist so anders? Es sind nicht Antworten des gierigen, verletzten, hilflosen Ich des Patienten.

Vorteile der Indianischen Chakren-Krafttiere-Therapie

- Einfachheit der Methodik
- Visualisierung von inneren Kräften
- Arbeiten mit Kräften, nicht mit Symptomen
- Arbeiten mit Kräften, die dem Ich helfen, sich aus Blockaden zu befreien
- vom Therapeuten unabhängiges Arbeiten
- die Übertragung auf den Therapeuten ist weniger wichtig als sonst
- Auftauchen von neurotisierenden Szenen, die zur Lösung des Problems führen
- Effizienz und Raschheit der Methodik

Jedenfalls merkte ich, dass andere Kräfte als bei anderen Therapien wirksam werden. Dort, wo ich bisher 100–150 Stunden gebraucht hatte, benötigte ich nur mehr 30–40 Stunden oder weniger und hatte bessere Heilungserfolge. Mir erzählten die Klienten auch immer wieder, dass sie in der Zwischenzeit auch mit ihren Tieren in Verbindung gewesen seien und dass sich etwas geändert hätte oder dass sie einen Rat bekommen hätten. Es wird also auf diese Weise ein Regenerierungsprozess angeregt, der unabhängig vom Therapeuten abläuft. Der Therapeut ist Begleiter, Überwacher und Staunender, dass Menschen sich so schnell verändern können.

Ein Beispiel, das mich besonders berührte: Es kam eine sehr kluge Frau zu mir, die schon eine zweieinhalbjährige Gesprächstherapie durchlaufen hatte, was ihr aber zur Integration in die Umwelt nicht genügte. Diagnostisch gesehen war sie sehr schizoid. Das bedeutet, dass sie weder Verbindung mit ihren Gefühlen hatte noch ihren Körper spüren konnte. Das Denken war bei ihr überstark ausgeprägt, und eine Schwäche war besonders lästig für sie. Sie musste sich immer nach den anderen richten, konnte weder ihren eigenen Willen ausdrücken und schon gar nicht durchsetzen. Es war sogar so, dass sie in einer bestimmten Situation gar nicht wusste, was sie eigentlich wollte. Sie spürte nur ein Unbehagen, wenn sie immer das tat, was die anderen von ihr erwarteten. Wir arbeiteten ungefähr zwei Jahre miteinander, es trat eine große Besserung ein. Sie bekam Lebenslust, wandte sich anderen Menschen zu und lernte auch, sich abzugrenzen, langsam auf ihre eigenen Bedürfnisse zu achten.

Doch dann stockte dieser Prozess, wir traten am Platz. Ich schlug ihr vor, die Methodik zu wechseln und das Indianische Chakrenheilen zu probieren. Sie war damit einverstanden und visualisierte durchwegs starke, gesunde Krafttiere. Als wir zum Solarplexus, dem Machtzentrum, kamen, fing sie zu weinen an und meinte, hier wäre kein Tier, hier wäre nur ein schwarzes Loch. Ich bat sie, die anderen Krafttiere zu fragen, was denn da zu machen sei. Doch sie meinte, auch die anderen Tiere würden mit ihr weinen, seien auch traurig. Da diese ihr keine Hilfe waren, wies ich sie an, ihren Adler, der ja immer den Überblick hatte und im Scheitel-Chakra ansässig sei, zu fragen, ob nicht er einen Rat wisse. Ja, meinte er, er könne sich in dieses schwarze Loch setzen und die schwarzen Fetzen herauszupfen. Und so tat er es denn.

Nach einiger Zeit hatte ich das Gefühl, dass sich in der Stimmung etwas verändert hatte, und fragte die Klientin, ob sie jetzt nicht im Loch nachsehen wolle, ich glaube, es säße jetzt ein Tier drinnen. Sie sah nach und fand ein kleines Kücken. Mich berührte das sehr, da es für mich war wie Ostern, Auferstehung, neues Leben. Das Kücken stellte sich nun in den Kreis der anderen Tiere, die sehr liebevoll und besorgt zu ihm waren. Doch dieses kleine Kücken war ein junger Hahn, der Überversorgung durch die anderen Krafttiere strikt ablehnte und sich zu seiner ganzen Kückengröße aufrichtete und Achtung verlangte.

Es war rührend und für mich ein Zeichen, dass jetzt die Kräfte der Abgrenzung, der Macht und der Selbstsicherheit aktiviert werden. Es war auch so, dass dieser kleine Hahn ein Symbol für das erwachende Selbstwertgefühl meiner Patientin war; und nach einiger Zeit wurde aus ihm ein wildes fliegendes Pferd. Dies dauerte nur einige Sitzungen, und dann meinte die Klientin, sie habe eigentlich jetzt ein neues Lebensgefühl und möchte mit der gemeinsamen Arbeit aufhören, da sie ihr Ziel erreicht hätte.

Ein anderes Beispiel, das mich berührt hatte, war eine Szene einer sehr lieben Klientin, die in einem Charakterstruktur-Seminar dadurch auffällig wurde, dass sie laufend weinte. Alle anderen Seminarteilnehmer waren ihr gegenüber hilflos, weil sie mit dem ständigen Weinen nichts anfangen konnten. Es wurde im Laufe des Seminars zwar etwas besser, doch die Seminarteilnehmerin bat mich um Einzelsitzungen. Sie fühle sich seit langer Zeit schon so traurig und wisse eigentlich nicht, warum. Nach einigen Gesprächssitzungen bot ich ihr das indianische Chakrenheilen an, das ich *Totempfahltherapie* nenne, weil einige Klienten auch ihre eigenen Totempfähle mit ihren Krafttieren zeichnen.

Sie willigte ein und visualisierte folgende Krafttiere, die recht harmonisch miteinander verkehrten: ein Reh, ein Elefanten, einen grünen Singvogel, eine blaue Taube, einen schönen Wolf, eine Schildkröte und schließlich im Basis-Chakra eine Bärin. Es fiel aber auf, dass sich die Bärin, die ja sehr stark und auch sehr liebevoll ist, immer von der Gruppe der anderen Tiere abseits hielt. Sie tat nie richtig mit. Die Tiere wurden gefragt, was sie denn machen könnten, um sie zu integrieren. Sie hatten aber keine Idee. Da bat ich die Klientin, doch selbst zur Bärin zu gehen und sie zu berühren, sie zu fragen, ob sie in den Kreis hinein wolle.

In dem Augenblick, als die Klientin die Hand auf die weiche Bärentatze legte, fing sie erschütternd zu weinen und zu schluchzen an. Sie erzählte, sie hätte ein Baby gesehen, das einsam gelegen sei und geschrien hätte und es wäre niemand gekommen. Sie erinnerte sich, dass ihre Mutter erzählt habe, dass sie als Baby Bronchitis gehabt habe und immer geschrien hätte. Das habe die Mutter aber so belastet, dass ihr die Kräfte ausgegangen wären. Sie wäre erschöpft gewesen und hätte das Baby einfach schreien lassen. Die Klientin sah sich selbst in einem sehr frühen Alter, wo sie noch keine bewussten Erinnerungen haben konnte.

Ich regte sie an, dieses innere Kind auf den Arm zu nehmen, ihm die Zuwendung zu geben, die es brauchte, um still zu werden und sich wohl zu fühlen. Es trat beim Kind dann eine Beruhigung ein. Zurückgekehrt zur Bärin gliederte diese sich in den Kreis der anderen Tiere ein und wurde von diesen freudig begrüßt. Der Klientin ging es von dieser Sitzung an deutlich besser, und sie wurde von mir angeregt, mit ihrem inneren Kind auch noch weiter zu arbeiten, was ihr sehr gut tat.

Warum ich gerade diese eine Begebenheit hier vorbringe? Weil es für mich wirklich erstaunlich ist, dass genau jene Szenen auftauchen, die zur Auflösung unserer emotionalen Blockaden wichtig sind. Man braucht nicht monatelang in mühsamer Arbeit danach suchen; sie kommen einfach von selbst und werden auch in einer eher harmonischen Weise aufgelöst.

Schluss und Ausblick

Bei meiner langjährigen psychotherapeutischen Arbeit hat sich langsam herausentwickelt, dass es mir wichtig ist, den Menschen anzuregen, Glauben und Persönlichkeit zu verbinden, persönliches Wachstum und Selbsterkenntnis anzuregen und zu fördern. Dabei bin ich mir immer bewusst, dass ein stabiles Ich eine wichtige Voraussetzung für spirituelle Entwicklung ist. Auf diesem Weg ist die Meditation ein überaus nützliches Werkzeug. Sie wirkt einerseits auf dem körperlichen Niveau und verhilft uns dazu, uns entspannen zu können und dadurch wieder Kräfte aufzubauen. Auch im emotionalen Bereich ist die Meditation ein gutes Mittel – vorausgesetzt, man entschließt sich zur Arbeit mit inneren Bildern, um alte Wunden und Blockaden aufzulösen und auf diese Weise leichter und befriedigender zu leben.

Der amerikanische Psychotherapeut *Edward Podvoll*, Initiator des Windhorse-Modells, der ganz neue Wege in der Therapie von Psychotikern geht und die Meditation bei Rekonvaleszenz ganz bewusst einsetzt, meint dazu:

> „Wie kann Meditation im Kontext einer Therapie angewendet werden, da eine durch Meditation in Gang gesetzte persönliche Entwicklung weit umfassender ist als jede denkbare Therapie?“

Selbstverständlich wirken Körper und Emotion aufeinander, und ein entspannter Körper ermöglicht uns mehr persönliches Wohlbe-

finden und somit auch mehr Befriedigungsmöglichkeit im Emotionalen.
Schließlich sind beide Bedingungen Voraussetzung für die *dritte Ebene*, jene des Geistes, der Spiritualität. Diese Dimension ist sozusagen die Krönung unserer Entwicklungsmöglichkeiten, die uns vor allem im Alter offensteht. Es geht also darum, „Himmel und Erde" zu verbinden, wie Podvoll diese Einstellung in Hinblick auf Heilgemeinschaften für Psychotiker in seinem Buch „Verlockung des Wahnsinns", 1997, beschreibt:

> „Im Prinzip ‚Himmel' steckt das Moment der Bewusstheit und Beachtung der spirituellen Dimension des Lebens, und im Prinzip ‚Erde' das Bewusstsein davon, dass die Elemente der Erde etwas Heiliges und der menschliche Körper etwas Kostbares sind. ‚Himmel' und ‚Erde' können nun aber durch Rituale, Liebe zum Detail und Mitgefühl, das ‚menschliche' Prinzip, miteinander vereinigt werden. Wo immer auf solche Weise gehandelt wird, entsteht ein Ort der Heilung" (Edward M. Podvoll, „Verlockung des Wahnsinns", S. 271).
> „Von den Inuit in Alaska bis zu den afrikanischen Kung, von den Mung der vietnamesischen Berge bis zu den Sioux der amerikanischen Prärien ist das Grundelement einer therapeutischen Umgebung immer eine Gruppe, die die Heilung durch eine ‚Vereinigung von Himmel und Erde' begünstigt."

Genau das erlebe ich in meinen *Meditationskursen,* dass der Körper als Kostbarkeit akzeptiert, anerkannt und ein ihm entsprechender Lebensstil aufgebaut wird. Dazu gehört neben entsprechender Bewegung, Sport und Spannungsabbau durch körperliche Ertüchtigung auch die Achtsamkeit im Umgang mit Ernährung und schließlich die Meditation als Krönung dieser Bewusstheit. Dabei geht es immer um die Verbindung von Himmel und Erde, wie Podvoll es beschreibt. Doch das Schwergewicht meiner Arbeit liegt nicht bei Heilung schwerer psychischer Störungen, sondern bei der Entwicklung des Durchschnittsmenschen, der Ausweitung der eigenen Möglichkeiten, um reicher, voller und tiefer zu werden.

Viele Leser werden sich nun fragen: Welcher therapeutischen oder *spirituellen Schule* soll ich mich zuwenden? Welche ist der anderen vorzuziehen? Welchen therapeutischen Weg sollte man gehen, um heil zu werden? Wo finde ich befriedigende Erlebnisse, die mein Herz erfüllen und mir nicht gefährlich werden?

Ich hoffe, dass sich bei der Lektüre herausgestellt hat, dass Methodik allein nicht so wichtig ist. Höre auf dich selbst, auf deine innere Stimme. Die Führung, der wir nachkommen sollen, liegt eigentlich in uns. Auch wenn es in vielen sprituellen Schulen die Verpflichtung gibt, einen Meister zu wählen.

Im *Zen* ist diese Pflicht des Schülers definitiv angesprochen. Im Yoga sucht man sich einen entsprechenden Yogi, von dem man meint, dass er ein Erleuchteter sei und einem auf seinem Weg helfen wird. Auch im *Schamanismus* gibt es den fertigen Schamanen, von dem man lernt. Sogar in der christlichen Tradition kennen wir diesen Weg, dass ein Gläubiger sich einen persönlichen Seelenführer sucht. Doch da alle diese Meister Menschen sind, mit ihren eigenen Grenzen, Stärken und Schwächen, ist ihre Führung auch relativ.

Ein therapeutischer, aber auch ein spiritueller Begleiter kann immer nur eine Weile begleiten, kann eigentlich nur eine Art Coach oder Supervisor sein. Wir selbst müssen unser Lebensziel mit der Zeit herausbekommen. Außerdem werden wir merken, dass der eigentliche Meister in uns selbst ist. Ich selbst halte mich daran, dass ein Mensch, der vor 2000 Jahren „Meister" genannt wurde, von sich sagte: „Ich bin die Wahrheit" und „Ich bin die Tür", ein innerer Führer ist, auf den wir uns verlassen können. Ich kenne keinen Guru, keinen Seelenführer, der das von sich behaupten kann und der so viel Sicherheit und Schutz bieten kann, wie dieser Christus.

Bei meinem „Ausritt" in die *esoterische Szene,* die ja mehr als zehn Jahre gedauert hat, habe ich immer wieder Stoßgebete vor Gruppensitzungen gemacht und mich an diesen meinen inneren Meister um

Schutz gewandt. Ich hatte auch immer das Gefühl, persönlich beschützt zu sein, nie den Kräften um mich herum ausgeliefert zu sein. In all der Zeit war ich immer wieder unsicher, ob es mir als traditioneller Katholikin überhaupt gestattet sei, diese Methoden durchzuprobieren, sich in andere spirituelle Systeme zu begeben. Vor allem beim Schamanismus hatte ich sehr große Zweifel.
Dann half mir ein persönliches Erlebnis zur Klärung meiner Zweifel: Ich war bei einem einwöchigen Schamanismus-Seminar in Kaprun, gehalten von Paul Uccusic, den ich persönlich sehr schätze. Er bot uns eines Abends an, ein Ritual bei einem Heidenstein gemeinsam durchzuführen. Ich hatte ein mulmiges Gefühl und war mir nicht sicher, ob ich mitmachen solle. Paul stellte uns das frei, weil er die Bedenken spürte. Da aber ein anderes katholisches Ehepaar, das ebenfalls beim Cursillo (einer katholischen Intensivschulung) gewesen war, einfach mitmachte, überwand ich mich und nahm an diesem Ritual teil, das vorwiegend aus Trommeln bestand.

> „Ich wusste nichts von diesem Heidenstein. Und während des Rituals, das wir in einigem Abstand von diesem Stein durchführten, sah ich plötzlich Menschen, die geschlachtet wurden, roch Blut und hörte ihre Schreie. Gleichzeitig hörte ich eine männliche Stimme, die vom Himmel her sprach: ‚Da ihr eure Brüder getötet habt, könnt ihr nur mit Hilfe der Rituale eurer Brüder zu mir kommen.' Erst am Abend erzählte Paul (Uccusic), dass bei diesem Heidenstein sog. Ketzer von Christen abgeschlachtet worden sind, obwohl ihnen freier Abzug zugesagt war." (Fuchs A., „Die Macht der Seele", Wien, 1999).

Für mich war das ein wichtiges Erlebnis, das meine Skrupel reduzierte; und ich lernte, das Pauluswort zu leben: „Prüfet alles und behaltet das Gute." Alle Rituale, die sich mit dem christlichen Glauben verbinden lassen, führen zu einer Belebung des Glaubens, aber auch zu einer Vertiefung therapeutischer Ansätze. Wir können von den Fähigkeiten der anderen in aller Demut lernen.

Daher war es mir eine tiefe Bestätigung, als in unserem „Herzogenburger Arbeitskreis" Prof. Johann Figl bei seinen theologischen Ausführungen über das Gottesbild betonte, dass unser Gottesbild trocken geworden wäre. Wir müssten es wieder verlebendigen mit Methoden, die Körper und Emotionen miteinschließen. Prof. Figl ist Dekan der Katholisch-Theologischen Fakultät an der Universität in Wien und ist Vorstand des Institutes für Religionswissenschaften. In einem persönlichen Gespräch brachte ich meine Arbeit und die Experimente vor, die ich mit meinen Klienten durchführe, und auch die tiefen Erlebnisse, die sich bei diesen Menschen zeigen. Ich hatte unbewusst die Forderungen, die hier aufgestellt wurden, schon seit Jahren erfüllt und war zu wirklich guten Ergebnissen gekommen. In seinen Ausführungen meint Figl:

> „In diesen zukunftsorientierten Aspekten will ich zeigen, dass sich das Bild, das wir von Gott haben, nicht allein und nicht primär aus der Vorstellungsebene stammt, sondern, wie ich meine, es gibt noch zwei weitere Ebenen, die sehr grundlegend sind, ja, die vielleicht noch bedeutsamer sind, nämlich eine zweite ‚emotional' orientierte und eine dritte leiblich-handlungsorientierte" (Dokumentation des Herzogenburger Arbeitskreises, 7).

Und weiter unten:

> „Gott wird im Verlauf der biographischen Entwicklung zuerst in sinnenhaft-leiblichen Formen erfahren, dann in emotional-gemeinschaftlichen, schließlich in geistig-vorstellungsmäßigen Gestalten. Alle drei bilden den Weg zum unfasslichen Gott. In diesen Ebenen ist die Herkunft des Gottesbildes zu suchen; wenn diese Quellen versiegen, wird der Gottesglaube schwach."

Für mich ist das die Bestätigung, dass Theologen und Psychologen einander gut ergänzen könnten, dass wir Psychotherapeuten die Voraussetzungen schaffen können, damit der Mensch fähig wird, sich auf sein „fliegendes Pferd" zu setzen, das in den Himmel

hineinstürmt. Wir könnten die Voraussetzungen für ein solch halsbrecherisches Unternehmen schaffen: den Untergrund festigen, auf dem das Pferd steht, und in dem Menschen die Fähigkeit fördern, in den Sattel steigen zu können und die Zügel trotzdem immer in der Hand zu behalten. Die Aufgabe der Theologen und spirituellen Meister wäre es, diese Menschen ein Stück ihres „Fluges" zu begleiten, ihnen Hilfe bei diesem schwierigen Unterfangen zu geben.
Es hat mich erstaunt, als ich bei Podvoll vom „Windhorse" las, einem Bild, das mir seit Jahren vertraut ist; das fliegende Pferd, das ich mit den spirituellen Möglichkeiten des Menschen gleichsetze. Ich zitiere:

> „Wir gaben unserer Gruppe den Namen ‚Windhorse'. Windhorse ist ein mythisches Pferd der Shambala-Tradition, das in den Himmel emporsteigt, bekannt in ganz Asien. Es ist das Bild für die Energie und Bemühung eines Menschen, sich selbst zu höheren Zuständen zu erheben. Windpferd ist eine Energie des Körpers und der Seele, die zur Heilung einer Krankheit oder Überwindung einer Depression aufgerufen werden kann."

Ich kenne tief christliche Zen-Meister (wie z. B. den Pfarrer Dr. Obermayer) oder christliche Yogis sowie christliche Schamanen, die es als Aufgabe ansehen, Menschen in solchen Situationen der geistigen Entwicklung seelisch zu begleiten. Auf diese Weise kann christliches Leben bunt und abwechslungsreich werden. Wir sollten uns trotz aller östlichen Einflüsse unserer eigentlichen Wurzeln bewusst bleiben. Warum einen so mühsamen Weg wie im Buddhismus gehen, wenn wir den viel einfacheren und persönlicheren der unmittelbaren Gottesbegegnung angeboten bekommen?
Warum in den *Persönlichkeitstrainings* Glauben und Spiritualität ausschließen, wenn diese Kräfte zu unserem Heilwerden und unserer inneren Balance helfen? Es geht eigentlich nur darum, dass wir aus der Nische unseres Lebens heraustreten und uns auf den Weg machen, wie Sheldon Kopp in seinem beeindruckenden Buch „If you meet the Buddha on the road, kill him" (Wenn du Buddha auf

deinem Weg triffst, töte ihn) hinweist. Es geht darum, dass wir in einer Gesellschaft, die versucht, uns an unserer eigenen Oberfläche zu halten und die Tiefenkräfte weder anerkennt noch fördert, Gegengewichte setzen.

Wenn viele Menschen sich die Angebote, die zur Entfaltung ihrer Person führen, zunutze machen, werden Kräfte in unserer Gesellschaft frei, von denen wir derzeit noch keine Ahnung haben. Untersuchungen meinen, dass viele Menschen nur 25% ihres Hirnvolumens ausnutzen. Ich habe den Eindruck, dass wir ebenso achtlos mit unseren Persönlichkeitskräften umgehen. Wir entfalten nur einen ganz geringen Teil davon. In unserem neuen Jahrtausend ist es an der Zeit, die Schätze, die in unserer Seele verborgen sind, zu heben, die Kräfte zu entfalten, die neuen Balancen in uns wirksam werden zu lassen. Es geht darum, dass viele Menschen sich auf den Weg machen und von der Oberfläche (den äußeren Dingen) zu ihren eigenen Tiefen hinabsteigen und ihre eigenen Potentiale heben.

In einer *Konsum- und Computergesellschaft* ist die Verführung zur Oberflächlichkeit besonders groß. Doch wir haben erst im letzten Jahrhundert in der westlichen Welt die Möglichkeiten von Kraft, Zeit und Geld bekommen, diese Wege zu beschreiten. Es stehen diese Dinge nicht mehr nur einer kleinen Elite der Gesellschaft zur Verfügung oder nur den Männern. Sondern jeder, der eine Entfaltung seiner inneren Kräfte anstrebt, dem werden viele Gelegenheiten dazu geboten. Nehmen wir mit aller Vorsicht die Angebote an. Prüfen wir das, was in unserer Umgebung vorhanden ist, und nützen wir die Chancen, nicht nur Arbeitstiere und Familiensklaven, sondern freie, unabhängige Menschen zu werden, die für sich selbst sorgen können, die ein Herz für andere haben und die alte christliche Tugenden und Gaben zur vollen Entfaltung bringen können; ob das die Fähigkeit des Heilens, der Prophetie, des Sprachenredens ist. Diese enormen Kräfte warten nur, dass wir sie heben.

Anhang

Frau Holle

Interpretation eines Märchens

Betrachten wir nun das Märchen der „Frau Holle" unter den bisherigen Gesichtspunkten, so ist das eine Möglichkeit, alte Bilder und Symbole mit neuen Augen zu sehen:

> Eine Witwe hatte zwei Töchter, davon war die eine schön und fleißig, die andere hässlich und faul. Sie hatte aber die hässliche und faule, weil sie ihre rechte Tochter war, viel lieber. Die andere, die Stieftochter, musste alle Arbeiten tun und das „Aschenputtel" im Hause sein. Das arme Mädchen musste sich täglich auf die große Straße zu einem Brunnen setzen und so viel spinnen, dass ihm das Blut aus den Fingern sprang.

Wir haben es hier, wie in vielen Märchen, mit einer Schönen zu tun. Im Märchen wird das Schönsein gleichgesetzt mit „Gutsein". Etwas Schönes verbinden wir unbewusst immer auch mit etwas Gutem und sind dann enttäuscht, wenn die Realität anders aussieht. Auch das Märchen bedient sich dieser allgemein verständlichen Symbolik, indem Schönsein nicht nur auf Äußeres Bezug nimmt, sondern auch mit seelischer Schönheit zu tun hat. Es ist

daher verständlich, dass die Schöne auch fleißig ist. Sie ist ja seelisch schön, und dazu gehören unzählige Tugenden.
In dem obigen Text wird auch klar, warum die Hassliche auch faul sein darf; denn sie ist die „rechte Tochter", das bedeutet, sie wird bevorzugt. Immer wieder finden wir dieses Muster im Märchen, dass ein jüngstes Kind oder ein Stiefkind von allen herumgestoßen und auch missachtet wird. Gerade im Aschenputtelmärchen ist dieses Grundmuster ganz deutlich sichtbar. Dabei handelt es sich sicherlich um eine Beschreibung der belastenden Lebensumstände mancher Kinder: frühes Leid, frühe Isolation in der Kindheit. In den Märchen sind gerade diese Kinder immer die *„Besonderen"*. Sie sind diejenigen, die, durch das angenommene Leid gereift, auch charakterlich wachsen und daher alle Voraussetzungen haben, etwas Besonderes zu werden. Die (innerlich) Hässlichen, Angepassten, Bevorzugten kommen in Märchen oft nicht gut weg; sie sind die Verwöhnten, die dann schließlich zu nichts taugen.

> Nun trug es sich zu, dass die Spule einmal ganz blutig war. Da bückte sich das Mädchen in den Brunnen hinab und wollte die Spule abwaschen. Sie sprang ihm aber aus der Hand und fiel hinunter. Das Mädchen weinte, lief zur Stiefmutter und erzählte ihr das Unglück. Diese schalt es heftig und war so unbarmherzig, dass sie sprach: „Hast du die Spule hinunterfallen lassen, so hole sie auch wieder herauf.

Hier werden zwei Aspekte sichtbar, die wir bei spirituell begabten Menschen immer wieder finden:
1. Sie sind in der Kindheit mit Alltagsproblemen sehr belastet.
2. Sie leben unter äußeren Umständen, die unbarmherzig sind.

Es ist bereits hier ein Hinweis, in welcher Weise sich das Mädchen einen inneren Freiraum geschaffen hat, um dieser Belastung durch die Stiefmutter Herr zu werden: Sie sitzt „an einem Brunnen". Ich meine, auf Grund meiner eigenen langjährigen Meditationserfahrung, dass dieses „Am-Brunnen-Sitzen" auf Meditation hinweist. Ins-Wasser-Schauen ist immer ein Zustand des Sich-Entspannens, des Ruhig-Werdens, des Trost-Findens. Auch die weiteren Hinweise lassen eine solche Interpretation zu.

> Da ging das Mädchen zu dem Brunnen zurück und wusste nicht, was es anfangen sollte. Und in seiner Herzensangst sprang es in den Brunnen hinein, um die Spule zu holen. Es verlor die Besinnung. Und als es erwachte und wieder zu sich selbst kam, war es auf einer schönen Wiese, wo die Sonne schien und viele tausend Blumen standen.

„In seiner Herzensangst sprang es in den Brunnen." Dies verstehe ich als Hinweis darauf, dass dieses Mädchen durch den psychischen Druck in der Meditationssituation in einen anderen Bewusstseinszustand, einen Trancezustand kommt. Es heißt ja auch, „es verlor die Besinnung", was ich als Wechsel des Bewusstseinszustandes interpretiere. Ich selbst kenne aus meiner Meditationspraxis dieses „In-den-Brunnen-Fallen". Immer, wenn bei mir dieses Erlebnis auftrat, konnte ich eine völlig andere Welt in meiner Meditation betreten und war dann oft monatelang während meiner Meditationen in dieser „fremden Welt", die mir Aufschluss über mich selbst gab.
Viele Kinder, die den psychischen Druck ihrer Lebenssituation schwer aushalten, bauen sich eine eigene Welt, in der sie dann intensiver leben als in der realen. Das ist ein Phänomen, das wir in der Psychologie gut kennen und das im späteren Leben dann oft auch zu psychischer Labilität bis zur Krankheit führen kann. Der Steg zwischen Spirituellem und Krankhaftem ist also sehr schmal.

> Auf dieser Wiese ging das Mädchen weiter und kam zu einem Backofen, der war voller Brot. Das Brot aber rief: „Ach, zieh mich raus, zieh mich raus, sonst verbrenne ich! Ich bin schon längst ausgebacken."
> Da trat es herzu und holte mit dem Brotschieber alle Brotlaibe nacheinander heraus. Danach ging es weiter und kam zu einem Baum, der hing voll mit Äpfeln und rief ihm zu:

> „Ach, schüttle mich, schüttle mich, wir Äpfel sind alle miteinander reif!"
> Da schüttelte es den Baum, dass die Äpfel fielen, als regnete es sie herab. Es schüttelte, bis keiner mehr oben war, und legte alle auf einen Haufen zusammen.

Es wird ganz deutlich ausgesprochen, dass sie sich den realen Anforderungen im Hier und Jetzt stellt; also in der Gegenwart lebt, ihr Ich hintanstellt; dass sie dienend für die Dinge da ist. Nach unseren Kriterien für spirituelles Leben erfüllt sie diese in einer bescheidenen und ruhigen Art:

- positiv denken und fühlen
- im Hier und Jetzt leben
- aufgeben des Ich
- leer werden
- anfüllen mit Hilfe von Meditation
- treu sein in kleinen Dingen

Alle Vorbedingungen für eine persönliche Transformation sind erfüllt. Auch das persönlich erduldete Leid, das sie zu tragen hat, hat sie nicht zusammengedrückt, sondern im Gegenteil ruhig und stark gemacht.

> Endlich kam das Mädchen zu einem kleinen Haus, da schaute eine alte Frau heraus. Weil sie aber so große Zähne hatte, wurde ihm angst, und es wollte fortlaufen. Die alte Frau aber rief ihm nach: „Was fürchtest du dich, liebes Kind? Bleib bei mir, wenn du alle Arbeit im Hause ordentlich tun willst, so soll's dir gut gehen. Du musst nur Acht geben, dass du mein Bett gut machst und es fleißig aufschüttelst, dass die Federn fliegen, denn dann schneit es in der Welt. Ich bin die Frau Holle."

Ich meine, dass die Goldmarie hier ihrer geistigen Führerin begegnet ist: eine alte Frau mit „großen Zähnen". Eigentlich will die Marie gar nicht in ihre Dienste gehen, sie hat sich diese Frau nicht ausgesucht. Sie hat sogar Angst vor ihr, sieht sie eher realistisch, denn geistige Führer sind oft keine angenehmen Menschen. Sie kokettiert nicht mit dem geistigen Leben, eigentlich möchte sie diesen Weg gar nicht gehen. Sie lässt sich dazu überreden, weil es immer noch besser ist als ihr „normales Dasein". Wichtig dabei ist, dass die Anforderungen wieder ganz konkret sind und sie sich auf diese voll und ganz einlässt. Das, was sie bei Frau Holle tun wird, so banal es auch aussieht, wird auf der Erde Auswirkungen haben. Wenn sie die Betten aufschüttelt, wird es auf Erden schneien. Wir kennen das Gefühl, wenn die Flocken ruhig herabsinken; die Ruhe, die Feierlichkeit, das weihnachtliche Gefühl, das wir beim Schneefall bekommen. Das einfache Tun des Mädchens hat eine beruhigende Wirkung auf Erden, hat universelle Auswirkungen.

> Weil die Alte ihm so gut zusprach, fasste sich das Mädchen ein Herz, willigte ein und begab sich in ihren Dienst. Es besorgte alles zur Zufriedenheit der Alten und schüttelte ihr das Bett immer gewaltig auf, sodass die Federn wie Schneeflocken umherflogen. Dafür hatte es auch ein gutes Leben bei ihr, kein böses Wort und alle Tage Gesottenes und Gebratenes.

Auch hier sehen wir wieder die Bodenständigkeit und Bereitschaft des Mädchens zum Dienst an den kleinen Dingen des Lebens. Es wird ein Bild der Harmonie spürbar: Ruhe, Ausgeglichenheit, Zufriedenheit und eine stille Art von Glück.

> Nun war das Mädchen eine Zeit lang bei Frau Holle. Da wurde es traurig und wusste anfangs selbst nicht, was ihm fehlte. Endlich merkte es, dass es Heimweh war. Obgleich es ihm hier vieltausendmal besser ging als zu Hause, so hatte es doch ein Verlangen dahin. Darum sagte es zu Frau Holle: „Ich hab Heimweh, und wenn es mir auch noch so gut hier geht, so kann ich doch nicht länger bleiben. Ich muss wieder hinauf zu den Meinigen." Die Frau Holle

> meinte daraufhin: „Es gefällt mir, dass du wieder nach Hause verlangst. Und weil du mir so treu gedient hast, so will ich dich selbst wieder hinaufbringen."

Hier wird etwas sichtbar, auf das immer wieder alle spirituellen Schriften hinweisen. Wenn beispielsweise ein Mensch eine gewisse Zeit bei einem Lehrmeister verbringt oder wenn sich ein Heiliger in die Einsamkeit zurückzieht und dann auch dort bleibt, kann das für ihn zur Falle werden. Denn ab einem gewissen Zeitpunkt tut er dies nur mehr, um selbst glücklich und zufrieden zu sein. Er verlässt das Prinzip des Dienens an allen Geschöpfen. Im Märchen wird es so ausgedrückt, dass das Mädchen nach einiger Zeit unruhig wird. Es weiß, es muss wieder in seine ursprüngliche Lebenssituation, „auf die Erde", zurück.

Ein ähnlicher Vorgang wird auch im Buch „Möwe Jonathan" geschildert: Jonathan geht nach seiner geistigen Schulung wieder zurück zu den Seinen, von denen er aber weiß, dass sie ihn nicht herzlich aufnehmen werden. Daher sagt auch Frau Holle: „Es gefällt mir, dass du wieder nach Hause verlangst ...", denn das ist wieder der Beweis für die Echtheit ihrer Berufung. Frau Holle erklärt sich bereit, das Mädchen wieder zurückzubringen.

> Sie nahm es daraufhin bei der Hand und führte es vor ein Tor. Das Tor ward aufgetan, und als das Mädchen gerade darunter stand, fiel ein gewaltiger Goldregen. Und alles Gold blieb an dem Mädchen hängen, so dass es über und über davon bedeckt war. „Das sollst du haben, weil du so fleißig gewesen bist", sprach die Frau Holle und gab ihm auch die Spule wieder, die in den Brunnen gefallen war.

Frau Holle „nimmt sie bei der Hand", ein wunderschönes Bild für persönliche, liebevolle Führung eines spirituellen Meisters. Sie führt sie schließlich zum Tor, durch das das Mädchen geht und wo das Gold auf sie herabfällt. Sie führt sie zu der echten Transformation, dem Erleuchtungserlebnis, das ihr nicht mehr schadet, sondern ein Leben lang positiv begleitet. Denn die Vorstellung, dass

Gold kleben bleibt, ist ja nicht sehr angenehm. Nur wenn wir Gold mit „guten Eigenschaften" assoziieren, wird das Bild angenehm. Das Bild will uns auch vermitteln, dass das Gold nicht mehr weggeht, nicht mehr abzuwaschen ist, nicht mehr von ihr abfällt, dass es sich um echte Transformation und nicht ein unbedeutendes Einzelerlebnis handelt, das mit der Zeit wieder verschwindet.
Gold bedeutet aber auch *Macht,* geistige Macht, die man geschenkt bekommt – im Fall der Goldmarie im Übermaß. Gold wird von Königen getragen, um Macht zu demonstrieren. Im Märchen aber bedeutet es, dass alle Kräfte des Mädchens, die während des Dienstes bei Frau Holle geschult wurden, schlagartig durch den Gang durchs Tor wirksam und auch für andere sichtbar werden. Dieses Mädchen besitzt jetzt Kräfte, kann Dinge tun, die ihm bisher nicht möglich waren. Das Übergeben der Spindel, deutet darauf hin, dass das eigentlich negative Auslösungserlebnis sich ins Positive verkehrt hat.

> Daraufhin wurde das Tor geschlossen; und das Mädchen befand sich oben auf der Welt, nicht weit von seiner Mutter Haus. Als es in den Hof kam, saß der Hahn auf dem Brunnen und rief: „Kikeriki, unsere goldene Jungfrau ist wieder hie!"

„Goldmarie" geht an den Ausgangspunkt ihrer Entwicklung zurück, ist aber eine ganz andere geworden. Der Hahn nennt sie „goldene Jungfrau". Jungfrau ist im Märchen immer eine, die ganz anders als die anderen ist. Sie ist schön, gut, außergewöhnlich und strebt nach dem Höchsten. Und die goldene Jungfrau ist eine, die das Höchste schon erreicht hat.

> Da ging das Mädchen hinein zu seiner Mutter. Und weil es so mit Gold bedeckt ankam, wurde es von ihr und der Schwester gut aufgenommen. Das Mädchen erzählte alles, was ihm begegnet war. Als die Mutter hörte, wie es zu dem großen Reichtum gekommen war, wollte sie der anderen, hässlichen und faulen Tochter gerne dasselbe Glück verschaffen. Diese musste sich an den Brunnen setzen und spinnen. Und damit ihre Spule blutig wurde, stach sie sich

> in den Finger und stieß die Hand in die Dornenhecke. Dann warf sie die blutige Spule in den Brunnen und sprang selber hinein.

Erstaunlicherweise ist Goldmarie noch immer arglos, „einfältig wie eine Taube", und denkt nicht an Rache; nicht daran, sich für das zugefügte Leid schadlos zu halten. Sie erzählt naiv und freimütig alles, was ihr widerfahren ist. Sie strahlt dabei „inneren Reichtum" und Glück aus; etwas, was die Mutter auch für ihre faule Tochter haben möchte. Sie wünscht ihrer „echten Tochter" dieses Glück und möchte es ihr verschaffen, so wie man eine Ware einkauft. Sie will es ihrer eigenen Tochter organisieren, nicht die Tochter wünscht sich das, sondern die Mutter. Das ist ein Zug, den wir von verwöhnenden Müttern kennen. Sie meinen, immer zu wissen, was ihre Kinder glücklich macht, und organisieren dies auch für sie – ohne sie zu fragen, ob sie das auch wollen.

Doch die faule Tochter hat keinerlei Voraussetzungen für einen geistigen Weg und strebt diesen auch gar nicht an. Beeinflusst von ihrer Mutter, die ihr das Glück und den Reichtum der Goldmarie verspricht, kopiert sie diese. Die faule Tochter tut zwar äußerlich das Gleiche wie die „Goldmarie". Doch ihr fehlt die rechte Einstellung, das echte innere Leid, die Einsamkeit, das Alleingelassenwerden, die Verzweiflung und die Sehnsucht, die es durchzustehen gilt. Es fehlt ihr der innere Prozess, und das von Anfang an. Das zieht sich dann auch während ihres ganzen Weges durch. Es ist eigentlich ein „gestohlener Weg", ein äußerlich kopierter Weg ohne innere Resonanz; etwas, was ich in der esoterischen Szene oftmals gesehen und erlebt habe: Menschen, die einfach äußere Techniken kopieren, um zu spirituellen Kräften und sensationellen Erlebnissen zu kommen. Es werden von der Pechmarie nur Äußerlichkeiten kopiert, und innerlich wird nichts nachvollzogen. Das Ergebnis ist dann auch entsprechend.

> Sie kam, wie die andere, auf die schöne Wiese und ging auf demselben Pfad weiter. Als sie zu dem Backofen gelangte, schrie das Brot wieder: „Ach, zieh mich raus, zieh mich

> raus, sonst verbrenn ich! Ich bin schon längst ausgebacken."
> Die Faule aber antwortete: „Da hätt' ich Lust, mich schmutzig zu machen", und ging fort.
> Bald kam sie zu dem Apfelbaum, der rief : „Ach, schüttle mich, schüttle mich, wir Äpfel sind alle miteinander reif!"
> Sie antwortete aber: „Du kommst mir recht, es könnte mir einer auf den Kopf fallen", und ging damit weiter.

Da sie nicht die rechte innere Einstellung hat, nicht im Kleinen treu ist, ihr nicht einfällt, die alltäglichen Dinge gut zu erledigen, den Anforderungen im Hier und Jetzt nachzukommen, ist sie für diesen Weg nicht reif. Sie ist spirituell gierig, weil sie eigentlich nur die Erleuchtung, nur den Genuss des spirituellen Lebens haben will, aber nicht seine Mühen und Belastungen. Sie will sich dieses Leben sozusagen erschleichen. Diese Einstellung wurde ihr von der Mutter eingepflanzt: „Du musst dich nicht bemühen, ich verschaffe dir Dinge, ohne dass du etwas tun musst." Auch in der freien *esoterischen Szene* finden wir diese „Pechmarie-Einstellung" relativ häufig.

> Als sie vor der Frau Holle Haus kam, fürchtete sie sich nicht, weil sie von ihren großen Zähnen schon gehört hatte, und verdingte sich gleich bei ihr. Am ersten Tag nahm sie sich zusammen, war fleißig und folgte der Frau Holle, wenn sie ihr etwas sagte. Denn sie dachte an das viele Gold, das diese ihr schenken würde. Am zweiten Tag aber fing sie schon an zu faulenzen; am dritten noch mehr, da wollte sie morgens gar nicht aufstehen. Sie machte auch der Frau Holle das Bett nicht, wie sich's gebührte, und schüttelte es nicht, dass die Federn aufflogen.

Ohne rechte Einstellung fällt es ihr schwer, durchzuhalten. Am ersten Tag schafft die Pechmarie es noch, doch dann schlägt ihr eigentliches Wesen durch. Wir können ohne rechte Einstellung eine Gruppe von Verhaltensmustern nicht durchhalten. Es gehört immer zu einem bestimmten Verhaltensstil eine bestimmte dahinterliegende Einstellung. Ohne diese geht es nicht.

Sie hat – anders als die Goldmarie – anfangs keine Angst vor ihrer geistigen Führerin, auch nicht, als sie eigentlich die ihr gestellten Aufgaben nicht erfüllt, dass sie „so große Zähne" hat. Sie ahnt noch nicht, wie sehr sie diese Frau – auch im übertragenen Sinn – beißen kann, welche Macht, Härte und Konsequenz sie besitzt. Die Pechmarie ist bezüglich des Charakters ihrer geistigen Führerin arglos, verwechselt sie mit der eigenen Mutter, die nie Konsequenzen gezogen hat. Daher hat die Pechmarie auch keine Ahnung, dass ungehöriges Verhalten unangenehme Konsequenzen nach sich ziehen kann. Darauf kommt sie erst ganz zum Schluss, als es eigentlich schon zu spät ist, ihr die Lernphase nicht mehr möglich ist.

> Frau Holle wurde des faulen Mädchens bald müde und sagte ihr den Dienst auf. Dieses glaubte aber, dass nun, nach der abgelaufenen Zeit bei der Alten, der Goldregen käme. Frau Holle führte sie auch zu dem Tor; und als sie darunter stand, wurde aber ein großer Kessel voll Pech ausgeschüttet. „Das ist zur Belohnung deiner Dienste", sagte Frau Holle und schloss das Tor zu.

Die geistige Führerin führt nicht mehr, sondern wirft das Mädchen angesichts seiner mangelnden Einstellung und Bereitschaft recht bald hinaus. Sie beendet die Schulung, nicht die Schülerin. Es ist kein Prozess in Gang gekommen, der abgeschlossen werden müsste. Typisch für die Pechmarie ist es, dass sie sich der *Selbsttäuschung* hingibt. Selbstkritik ist ihr fremd, sie hat es durch die Erziehung der verwöhnenden Mutter nie gelernt. Kinder, die solche Mütter haben, sind zu bedauern, weil ihnen Wichtiges nicht beigebracht wird. Sie lernen nie, dass ihr eigenes Verhalten eine bestimmte Wertigkeit hat und daher auch mit Konsequenzen zu rechnen sei. Sie fällen keine Entscheidungen selbst, das macht die Mutter. Sie haben kein eigenes Lebensziel, das hat die Mutter.

Sie stehen auch dieser oft grausam gierigen Mutter kritiklos gegenüber, denn sonst könnte die Pechmarie nicht darüber hinweggehen, dass die Mutter die Goldmarie so quält und ihr selbst alles durchgehen lässt. Diese Mütter, die ihre Kinder in völliger Abhängigkeit

halten, sie nicht erwachsen werden lassen, ihnen nie Verantwortung für ihr eigenes Leben übergeben, erwarten aber von diesen abhängigen Kindern Dank für ihre „Aufopferung". Auch diese Mütter selbst werden, wie ihre Kinder, oft im Alter „mit Pech übergossen".
Pech kann vielerlei sein.
Pech und Schwefel schreiben wir in der Alltagssprache dem Teufel zu; so wie wir im Verhalten vor allem der Mutter viel Destruktiv-Egozentrisches finden. Pech ist aber auch schwarz, und es klebt an der Pechmarie – ein recht plastisches Bild für tiefe Depression. Die Enttäuschung ist enorm, wenn durch einen solchen Schock die Selbsttäuschung plötzlich zerstört wird. Das kann dann ohneweiters zu einer abgrundtiefen Depression führen.

> Da kam die Faule heim, aber sie war ganz mit Pech bedeckt. Und der Hahn auf dem Brunnen, als er sie sah, rief: „Kikeriki, unsere schmutzige Jungfrau ist wieder hie!" Das Pech aber blieb fest an ihr hängen und wollte, solange sie lebte, nicht abgehen.

Das Ende einer solchen Existenz ist traurig, denn die Umwelt nimmt die Fehlentwicklung und die damit verbundenen persönlichen Konsequenzen sehr wohl wahr und spiegelt dies oft unverblümt und eher rücksichtslos. Alle Illusionen, Hoffnungen und Selbsttäuschungen sind mit einem Schlag zerstört. Die Pechmarie kommt nach Hause und wird gleich vom Hahn beschimpft; von einem Wesen, das sie nicht sehr achtet. Zwar hat sie äußerlich die gleiche Schulung wie ihre goldene Schwester durchgemacht, nur eben ohne die rechte Einstellung; sie ist in sich selbst verhaftet geblieben.
Der Zustand der Enttäuschung bleibt ein Leben lang an ihr haften, kann nicht mehr aufgehoben werden. Sie bleibt dunkel, schwarz, traurig, die Erfolglose, Abgestürzte, die auf Anraten der Mutter einen Weg gegangen ist, den sie sich selbst gar nicht ausgesucht hat; die dann Konsequenzen auf sich nehmen muss, mit denen sie nie im Leben gerechnet hat. Sie wird, solange sie lebt, an diesen Konsequenzen zu tragen haben.

LITERATUR

ADLER Alfred: Menschenkenntnis, Fischer-TB-Verlag, Frankfurt/Main 1966.

AUCLAIR Marcelle: Das Leben der heiligen Teresa von Avila. Verlag Arche, Zürich 1953.

BRENNER Charles: Grundzüge der Psychoanalyse. Fischer-TB-Verlag, Frankfurt/Main 1972.

DETHLEFSEN Thorwald: Schicksal als Chance. Esoterische Psychologie. C. Bertelsmann, München 1977.

DETHLEFSEN Thorwald und DAHLKE Rüdiger: Krankheit als Weg. Deutung und Be-Deutung der Krankheitsbilder. Goldmann Verlag TB, München 1986.

EADIE Betty J.: Licht am Ende des Lebens. Bericht einer außergewöhnlichen Nah-Todeserfahrung, Knaur Verlag, München 1994.

ELIADE Mircea: Schamanismus und archaische Ekstasetechnik. Rascher Verlag, Zürich 1954.

ERICSON E. H.: Identität und Lebenszyklus. Suhrkamp, Fankfurt/Main 1966.

FREUD Anna: Das Ich und die Abwehrmechanismen. Fischer-TB, Frankfurt/Main 1984.

FREUD Sigmund: Darstellung der Psychoanalyse. Fischer-TB, Frankfurt/Main 1973.

FROMM Erich: Die Kunst des Liebens. Ullstein Verlag, Frankfurt/Main 1979.

FROMM Erich: Haben oder Sein. Die seelischen Grundlagen einer neuen Gesellschaft. Deutscher Taschenbuch Verlag, München 1980.

FUCHS Anneliese: Du-Relations-Hypothese. Skriptum im APP-Eigenverlag, Wien 1985.

Dies.: Positive und negative Gefühle. Skriptum im APP Eigenverlag, Wien 1985.

Dies.: Wie bin ich? Die vier Charaktergrundtypen nach F. Riemann in Beziehung zur betrieblichen Wirklichkeit. Skriptum im APP-Eigenverlag, Wien 1986.

Dies.: Stressbewältigung. Das Herstellen von Balancen. Skriptum im APP-Eigenverlag, Wien 1988.

Dies.: Die besseren Zwei. Mann und Frau in der Gesellschaft von heute. Herold Verlag, Wien-München 1987.

Dies.: Der Umgang mit dem Bösen. Interpretation und Beobachtungen des Mönchs Evagrius. Tonbandkassette im APP-Eigenverlag, Wien 1992.

Dies.: Psychologie und Religion. Von unterschiedlichen Grundpositionen zu Ergänzung und Zusammenarbeit. APP-Eigenverlag, Wien 1993.

Dies.: Hans im Glück. Die sieben Stufen der Entwicklung. Eine Märcheninterpretation. Skriptum im APP-Eigenverlag, Wien 1994.

Dies.: Meditationsanweisungen. Skriptum im APP-Eigenverlag, Wien 1995.

Dies.: Entwicklung der Person. Dynamik des Lebens. Verlag Styria, Graz-Wien-Köln, 1996.

Dies.: Die Macht der Seele. Meditation, Weg zu den inneren Quellen. Skriptum im APP-Eigenverlag, Wien 1999.

GALLEGOS Eligio Stephen: Indianisches Chakra-Heilen. Verlag Peter Erd, München 1997, 3. Auflage, dt. Erstausgabe 1991.

Ders.: Den Schamanen in sich entdecken. Verlag Peter Erd, München 1995.

GOODMAN Felicitas: Wo die Geister auf den Winden reiten. Trancereisen und ekstatische Erlebnisse, 3. Auflage, Bauer Verlag, Freiburg/Breisgau 1995.

GRIMMS Märchen: Texte entnommen aus der 7. Auflage von 1857, 2. Band, Österr. Bundesverlag, Wien 1990.

GRISCOM Christ: Heilung der Gefühle. Angst ist eine Lüge. Goldmann Verlag, Berlin 1988.

GRÜN Anselm: Der Umgang mit dem Bösen. In: Münsterschwarzacher Kleinschriften Nr. 6. Vier-Türme-Verlag, Münsterschwarzach 1980.

Ders.: Spiritualität von unten. In: Münsterschwarzacher Kleinschriften Nr. 82. Vier-Türme-Verlag, Münsterschwarzach 1994.

HASSELMANN Varda und SCHMOLKE Frank: Archetypen der Seele. Die seelischen Grundmuster – Eine Anleitung zur Erkundung der Matrix. Goldmann Verlag, München 1993.

HERZOGENBURGER ARBEITSKREIS: Dokumentation, APP-Eigenverlag, Wien 2000.

HOFMANN W. A.: Zu den Tiefen der Seele. Eine Yogaschule. Moritz Stadler GesmbH, Villach 1949.

KABAT-ZINN Jon: Gesund durch Meditation. Das große Buch der Selbstheilung. O. W. Barth Verlag, 5. Auflage der Sonderausgabe, Bern – München – Wien 1998.

KAPLEAU Phillip: Die drei Pfeiler des Zen. Lehre, Übung, Erleuchtung. Barth Verlag, Bern – München – Wien, 7. Auflage, 1987.

KAST Verena: Familienkonflikt im Märchen. Walter Verlag, Freiburg/Breisgau 1984.

KOPP Sheldon: If you meet the Buddha on the road, kill him. The pilgrimage of Psychotherapy patients. Toronto – New York – London, Bantam Books, 1972.

KORDA Michael: Macht und wie man mit ihr umgeht. Mosaik Verlag, München 1975.

LORENZ Erika: Licht in der Nacht. Johannes vom Kreuz erzählt sein Leben. Herder, Freiburg 1990.
LÖRLER Marielu: Der erleuchtete Alltag. Ch. Falk Verlag, Planegg 1987.
Dies.: Die Hüter des alten Wissens. Schamanisches Heilen im Medizinrad. Schönbergers Verlag, Deutschland 1988.
MOODY Dr. med. Raymond A.: Das Leben nach dem Tode. Rowohlt Verlag, Hamburg 1977.
dies.: Nachgedanken über das Leben nach dem Tod. Rowohlt Verlag, Hamburg 1978.
NIESSEN Käthe: Enthüllungen einer Hellseherin. Selbstzeugnisse, Berichte, Prognosen. Ramon F. Keller Verlag, Genf 1974.
PODVOLL Edward M.: Verlockung des Wahnsinns. Therapeutische Wege aus entrückten Welten. Verlag, München 1997.
RAHNER Karl: Von der Not und dem Segen des Gebetes. Herder-Bücherei, Freiburg 1960.
RICHTER H. E.: Der Gotteskomplex. Die Geburt und die Krise des Glaubens an die Allmacht des Menschen. Rowohlt, Hamburg 1979.
RIEMANN Fritz: Grundformen der Angst. Marseille Verlag, München 1974.
RITTELMAYER Friedrich: Meditation. Verlag Urachhaus, Stuttgart 1959.
ROHR Richard: Vision einer neuen Welt. Die Bergpredigt des Jesus von Nazaret. Herder Verlag, Freiburg – Basel – Wien 1996.
ROHR Richard und EBERT Andreas: Das Enneagramm. Die neun Gesichter der Seele. Claudius Verlag, München 1989.
SABATTI Stephano: Lebensenergie. Wesen und Wirken jener Kraft, die unsere körperliche, geistige und seelische Verfassung steuert. Scherz-Verlag, München 1985.
SHARAMON Shalila und BAGINSKI Bodo J.: Das Chakra-Handbuch. Vom grundlegenden Verständnis zur praktischen Anwendung. Wildpferd Verlags GesmbH, Durach 1989.
SIMSON Wolfgang: Gottes Mega-Trends. Sechs Wege aus dem christlichen , Ghetto C & P./ Koinonia Verlag, Emmelsbüll 1995.
STEINDL RAST David: Fülle und Nichts. Die Wiedergeburt christlicher Mystik. Goldmann Verlag, München 1985.
STEINER Rudolf: Wie erlangt man Erkenntnisse der höheren Welten? Freies Geistesleben, Stuttgart 1961.
Ders.: Theosophie. Einführung in übersinnliche Welterkenntnis und Menschenbestimmung. Freies Geistesleben, Stuttgart 1962.
STERN Jess: Der schlafende Prophet. Prophezeiung in Trance 1911–1998. Ariston-Verlag, Genf 1976.
UCCUSIC Paul: Heilen mit der Kraft der Liebe, mit der Macht des Geistes. Ariston-Verlag, Genf 1984.
VIESER Dolores: Hemma von Gurk. Beckstein Verlag, München 1983.
VON KEMPTEN Thomas: Nachfolge Christi. Fischer-TB, Frankfurt 1957.
WIESENDANGER Dr. Harald: Das große Buch vom Geistigen Heilen. Möglich-

keiten, Grenzen, Gefahren. Die umfassende Darstellung sämtlicher Methoden, Krankheiten auf geistigem Wege zu erkennen und zu behandeln. Scherz Verlag, Bern – München – Wien 1994.

WILBER Ken: Vom Tier zu den Göttern. Die große Kette des Seins. Herder Spektrum – Freiburg – Basel, Wien 1997.

Ders.: Halbzeit der Evolution. Der Mensch auf dem Weg vom animalischen zum kosmischen Bewusstsein. Fischer TB Verlag, Frankfurt/Main 1996.

Ders.: Das Atman Projekt. Der Mensch in transpersonaler Sicht. Junfermann Verlag, Paderborn 1990.

Ders.: Eine kurze Geschichte des Kosmos. Fischer TB Verlag, Frankfurt/Main 1997.

WILBER Ken, Bruce ECKER und Dick ANTHONY: Meister, Gurus, Menschenfänger. Über die Integrität spiritueller Wege. Krüger Verlag, Frankfurt/Main, amerikan. Erstausg. 1987, 1995.

YESUDIAN Selva Raja und HAICH Elisabeth: Raja-Yoga. Verlag Eduard Fankhauser, Thielle/Ne 1966.

Dies.: Sport und Yoga. Drei Eichen Verlag, München 1972.

YOGANANDA Paramahansa: Autobiographie eines Yogi. O. W. Barth Verlag, München 1973.

ZINK Jörg: Die goldene Schnur. Anleitung zu einem inneren Weg. Kreuz Verlag, Stuttgart 1999.